Marian Meaney

CULTURE SMART!
ESPANHA

T
Celso

1ª edição
Rio de Janeiro-RJ / Campinas-SP, 2014

Editora: Raïssa Castro
Coordenadora Editorial: Ana Paula Gomes
Copidesque: Maria Lúcia A. Maier
Revisão: Tássia Carvalho
Projeto Gráfico: Bobby Birchall
Diagramação: André S. Tavares da Silva

Título original: *Culture Smart! Spain*

ISBN: 978-85-7686-275-8

Copyright © Kuperard, 2003
Todos os direitos reservados.

Culture Smart!® é marca registrada de Bravo Ltd.

Tradução © Verus Editora, 2013
Direitos reservados em língua portuguesa, no Brasil, por Verus Editora. Nenhuma parte desta obra pode ser reproduzida ou transmitida por qualquer forma e/ou quaisquer meios (eletrônico ou mecânico, incluindo fotocópia e gravação) ou arquivada em qualquer sistema ou banco de dados sem permissão escrita da editora.

Verus Editora Ltda.
Rua Benedicto Aristides Ribeiro, 55, Jd. Santa Genebra II, Campinas/SP, 13084-753
Fone/Fax: (19) 3249-0001 | www.veruseditora.com.br

Imagem da capa: © Travel Ink/Chris Stammers
Imagem da página 13 reproduzida mediante permissão de Tamara Katz
Imagem da página 128 reproduzida sob a licença Atribuição-CompartilhaIgual 3.0 Não Adaptada do Creative Commons © Falk2

CIP-BRASIL. CATALOGAÇÃO NA FONTE
SINDICATO NACIONAL DOS EDITORES DE LIVROS, RJ

M431c

Meaney, Marian
 Culture Smart! Espanha / Marian Meaney ; tradução Celso R. Paschoa. - 1. ed. - Campinas, SP : Verus, 2014.
 il. ; 18 cm.   (Culture Smart! ; 5)

 Tradução de: Culture Smart! Spain
 Inclui índice
 ISBN 978-85-7686-275-8

 1. Espanha - Viagens - Guias. 2. Espanha - Usos e costumes. I. Título. II. Série.

13-06563
CDD: 914.641
CDU: 913 (460.27)

Revisado conforme o novo acordo ortográfic

Impressão e acabamento: Yangraf

Sobre a autora

MARIAN MEANEY é professora, tradutora e intérprete, e mora e trabalha na Espanha há cerca de vinte anos. Após se formar com mérito em inglês e espanhol pela Universidade Nacional da Irlanda, em Galway, concluiu curso superior em educação e ganhou bolsa de estudos destinada à pesquisa da cultura hispânica na Universidade de Salamanca. Posteriormente, esteve à frente da administração de escolas de língua inglesa em Málaga e Barcelona, e tem trabalhado como consultora de empresas e organizações governamentais espanholas em programas de intercâmbio internacional.

Sumário

Mapa da Espanha	7
Introdução	8
Dados importantes	10
Capítulo 1: NAÇÃO E POVO	**12**
• Dados geográficos	12
• Clima	13
• Pontos de vista regionais	14
• Breve história	16
• As regiões	33
• Principais cidades	44
Capítulo 2: VALORES E ATITUDES	**48**
• *Mañana*	50
• A família	50
• Amigos e conhecidos	54
• Orgulho, honra e machismo	55
• Vencendo o sistema	56
• Egocentrismo	58
• Tolerância e preconceito	60
• Religião	61
• Vivendo o momento	62
• Boas maneiras	64
Capítulo 3: COSTUMES E TRADIÇÕES	**66**
• Feriados nacionais	67
• Calendário de festividades	68
• Peregrinações e feiras	75
• Outros costumes	80
• Flamenco	81
• Touradas	82

Capítulo 4: FAZENDO AMIGOS   **84**
- Escolas de idiomas   85
- Clubes de estrangeiros   87
- Esportes e outros grupos   87
- A vizinhança   89
- Publicações em língua inglesa   89

Capítulo 5: A CASA ESPANHOLA   **90**
- O lar espanhol   90
- A vida doméstica   92
- Compras diárias   94
- Vida rotineira   96
- Educação   97
- Televisão   99
- A imprensa   100

Capítulo 6: ENTRETENIMENTO   **102**
- O prazer de ir às compras   102
- Comer fora   103
- Bebida e comida   106
- Boas maneiras à mesa   108
- Vida noturna   110
- Atividades culturais   111
- Esportes   117
- Loteria e jogos de azar   120

Capítulo 7: VIAGENS   **122**
- Viagens de avião   122
- Viagens de carro   122
- As leis da estrada   126
- Trens   127

Sumário

- Ônibus interurbanos   129
- Transporte urbano   130
- Onde se hospedar   132
- Saúde e seguro   135

Capítulo 8: RECOMENDAÇÕES NOS NEGÓCIOS   **136**
- Comportamento nas empresas   137
- Estilo nos negócios   140
- Mulheres nos negócios   142
- Relacionamentos nos negócios   142
- Flexibilidade   143
- Marcando reuniões   144
- Estilo de comunicação   145
- Reuniões   145
- Apresentações   147
- Planejamento e controle   147
- Diversão nos negócios   148
- Dando presentes   150
- Conclusão   151

Capítulo 9: COMUNICAÇÃO   **152**
- Idioma   152
- Falando espanhol   157
- Cara a cara   159
- Serviços   160
- Conclusão   162

Recursos   **164**
Leitura recomendada   **165**
Índice remissivo   **166**

Mapa da Espanha

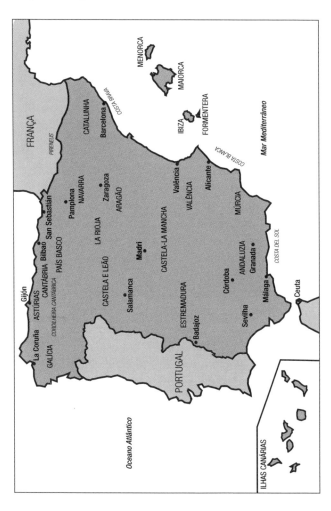

Introdução

No imaginário popular, a Espanha evoca um cenário em que predominam conquistadores vorazes, o indescritível Dom Quixote, bravos toureiros, impetuosos dançarinos de flamenco e artistas brilhantes, de Goya e Velázquez a Picasso e Dalí. Todas essas características soam verdadeiras, mas como os espanhóis se conformam a esses estereótipos no cotidiano?

Esse povo certamente é marcante. Quem visita a Espanha fica maravilhado com a vitalidade do povo, encantado com sua simpatia, mas pode se surpreender com sua descontração quanto ao cumprimento de prazos. Os espanhóis são orgulhosos, apaixonados, espontâneos, generosos e leais, mas também podem ser procrastinadores, demasiadamente individualistas, desconfiados e barulhentos.

A Espanha teve forte impacto na história europeia e mundial. Durante praticamente setecentos anos sob domínio mouro, cristãos, judeus e muçulmanos viveram em harmonia no país. Em conjunto, eruditos de diferentes comunidades traduziram textos gregos e romanos, transportando conhecimentos da Antiguidade Clássica à Europa Medieval. Ironicamente, no entanto, a Espanha não se beneficiou completamente desse "novo aprendizado". Na esteira da "reconquista" cristã de 1492, a nação se viu como a defensora da fé católica, e a Inquisição Espanhola acabou com a tolerância religiosa.

Essa é a nação que desfrutou um Século de Ouro de esclarecimento, que descobriu a América e acumulou suas riquezas, e que deixou o grande legado de sua cultura e de sua língua, falada hoje por mais de trezentos milhões de pessoas. No século XX, a Espanha sofreu uma dura guerra civil e uma rígida ditadura, e agora está emergindo do isolamento do regime franquista para se tornar mais uma vez parte integrante da Europa e da arena internacional.

Este guia explora as complexas realidades humanas da vida espanhola moderna. Descreve como a história e a geografia do país forjaram tanto as diferenças regionais como os valores e os comportamentos comuns. Revela como os espanhóis são em casa, no trabalho e de que forma se socializam. O capítulo sobre costumes e tradições vai preparar você, visitante, para a intensa devoção religiosa do povo espanhol, e aqueles sobre como fazer amigos e se comunicar vão ajudá-lo a extrair o máximo de sua estada no local. Quanto mais você entender os espanhóis, mais vai se enriquecer com essa experiência, em um país cheio de energia, caloroso e de muitas variedades, onde o indivíduo é importante e desfrutar a vida é uma atitude fundamental.

Dados importantes

Nome oficial	Reino da Espanha	A Espanha é membro da Otan e da União Europeia
Capital	Madri	
Principais cidades	Barcelona, Valência, Sevilha e Zaragoza	
Área	504.788 km²	
Geografia	A Espanha cobre 80% da península Ibérica; faz fronteira com Portugal a oeste	A Espanha é separada da França pelos Pireneus a nordeste
Relevo	Há grande diversidade de paisagens, incluindo a costa mediterrânea e a do Atlântico, um extenso platô central, a Meseta, e várias regiões montanhosas. Os rios geralmente correm do leste para o oeste do país	As principais cadeias de montanhas são os Pireneus, a cordilheira Cantábrica, os montes Andaluzes e a serra Nevada. Os principais rios são o Tajo, o Ebro e o Douro
Clima	Principalmente mediterrâneo	Tendência de clima continental no interior. No norte, temperado úmido ou oceânico
Moeda	Euro, desde 1º de janeiro de 2002	
População	39.439.400 (censo de 2000)	
Composição étnica	Quatro principais grupos étnicos, divididos pela língua	Outras minorias étnicas incluem os ciganos (*gitanos*)

Idioma	Castelhano (mais de 74%), catalão (12%), galego (8%), basco (pouco mais de 1%)	
Religião	Católicos apostólicos romanos (99%)	
Governo	Monarquia constitucional. As dezoito regiões são comunidades autônomas	As dezoito comunidades autônomas têm governo autônomo, segundo a Constituição
Mídia	A Espanha tem canais de televisão estatais e das comunidades autônomas, além de canais privados	Jornais de alcance nacional, com sucursais regionais, incluem *El País*, *ABC* e *El Mundo*
Mídia de língua inglesa	Vários jornais distribuídos em diversas cidades	
Eletricidade	220 volts, 50 Hz CA	São usados plugues de dois pinos
Vídeo/TV	Sistema Pal-B	Em alguns sistemas, TVs podem funcionar no NTSC
Domínio na internet	.es	
Telefone	O código identificador da Espanha é 34	Para fazer ligações da Espanha ao exterior, disque 07
Fuso horário	GMT + 1 hora; no verão, GMT + 2 horas	

Capítulo **Um**

NAÇÃO E POVO

DADOS GEOGRÁFICOS

Um dos maiores países europeus, a Espanha se situa na península Ibérica, assim como Portugal. Os Pireneus cruzam de ponta a ponta o estreito da península, formando a fronteira da Espanha com a França. O extenso platô central, a Meseta, é limitado e dividido por várias cadeias de montanhas. Madri, situada no centro geográfico do país, é a capital europeia com a maior altitude.

Embora a Espanha tenha rios listados entre os mais longos da Europa (o Tajo, o Ebro e o Douro), áreas extensas do país sofrem com o problema de escassez de água. Associados a esse problema, existem ainda frequentes problemas de erosão do solo. No entanto, nem todo o solo espanhol é seco ou improdutivo. As enseadas fechadas da Galícia, os campos de hortaliças de Valência e as montanhas nevadas dos Pireneus são apenas alguns exemplos da diversidade de paisagens no país.

O litoral é extremamente importante para o turismo. A Espanha tem mais de duzentas praias, muitas das quais de beleza estonteante. Elas são agrupadas sob nomes famosos, como costa Brava, costa Dourada, costa de Azahar, costa Blanca, mar

Menor, costa del Sol, costa de la Luz, rias Baixas e rias Altas, costa Cantábrica, costa Canária e costa Balear.

A área total do território nacional é de 504.788 km², que incluem as ilhas Canárias e Baleares e os dois pequenos enclaves de Ceuta e Melilla, localizados no norte da África. Há uma diversidade natural incrível a ser desvendada. Como os naturalistas britânicos Chapman e Buck comentaram no livro *Wild Spain* (1893): "Não existe nenhum outro lugar em que regiões similares apresentam um contraste tão grande de paisagem e clima".

CLIMA
Ainda que a Espanha se localize na zona temperada, sua natureza montanhosa indica que o país comporta dois climas diferentes: de modo geral, úmido e seco.

O clima úmido ocorre em duas regiões principais: a estreita faixa litorânea ao norte da cordilheira Cantábrica (País Basco, Cantábria, Astúrias e Galícia) e a faixa litorânea nordeste, que começa na fronteira com a França e desce até Valência, incluindo as ilhas Baleares. A primeira região exibe apenas leves variações na temperatura, com invernos moderados e verões agradáveis. Céu nublado e frequentes chuvas são comuns, embora em menor quantidade durante o verão. A segunda região tem verões mais quentes e um menor número de precipitações pluviométricas.

A região seca ocupa cerca de dois terços do país, e, embora haja variações de uma localidade para outra, os invernos são frios (tornando-se gelados no interior), com pouca chuva. O verão oferece dias ensolarados e resplandecentes, sob um céu intensamente azul, com ocasionais tempestades localizadas de curta duração. As ilhas Canárias têm clima oceânico subtropical, com temperaturas praticamente constantes e superiores a 20 ºC, apresentando pequenas variações entre as estações.

PONTOS DE VISTA REGIONAIS
A lealdade de um espanhol diz respeito primeiramente à região, não ao país em si. Sua perspectiva histórica depende de onde ele nasceu e de como a história influenciou sua região. Não podemos definir um espanhol típico, mas podemos

distinguir pessoas de diferentes regiões: os lógicos catalães do nordeste, os "estourados" andaluzes do sul e os sérios castelhanos da Meseta Central. No passado, as cadeias de montanhas obstruíam as comunicações, diferentes climas influenciavam a natureza local, e com isso surgiram divisões que ainda não foram superadas. Muito antes de os monarcas católicos Fernando e Isabel unirem os reinos de Castela e Aragão e unificarem a Espanha, em 1492, já havia vários reinos na península, e o domínio por parte de Castela, para eles, significava somente uma redução no poder. A Espanha era unida somente no nome. O Século de Ouro de fato trouxe consigo grandes riquezas, mas não ao país como um todo, pois a maior parte delas ficou concentrada em Castela ou permaneceu nos portos. A Catalunha, outrora um posto de comércio importante, a princípio nem mesmo era autorizada a negociar com a América.

O País Basco e a Catalunha jamais se sentiram parte da Espanha, e lutaram arduamente pela autonomia, que finalmente lhes foi concedida em 1978. A Catalunha se vê como mais europeia, mais moderna que o restante do país, e a Espanha é considerada praticamente uma entidade separada.

Ainda hoje, um espanhol que se mude para uma região diferente pode se sentir como um estrangeiro em seu próprio país. De modo geral, no entanto, o espanhol moderno sente orgulho do país. Com a morte de Franco, em 1975, o que restou foi uma Espanha cansada da ditadura, ávida por democracia e para ter um lugar na comunidade internacional. Passados menos de trinta anos, a nação se equipara com outros países do Primeiro Mundo e é membro tanto da Otan como da União Europeia.

BREVE HISTÓRIA
É impossível em poucas páginas fazer justiça à rica e diversificada história da Espanha. O que se segue é um curto resumo dessa trajetória.

Primeiros habitantes
A península Ibérica foi ocupada há centenas de milhares de anos. Os ossos de diversos indivíduos encontrados na *Cueva Mayor* (Caverna Principal, em Atapuerca, Burgos) são originários de sedimentos do período Pleistoceno Médio, com pelo menos 280 mil anos.

O povo mais avançado que habitava a península na Antiguidade Clássica era conhecido por iberos. Eles viviam ao longo das costas mediterrânea e do Atlântico Sul, e agora são supostamente considerados os nativos da região. Os celtas viviam principalmente no norte e no oeste da península, exceto na parte ocidental dos Pireneus, residência natural dos bascos.

Os gregos ocuparam a Espanha, mas tiveram apenas dois pontos de assentamento, na região nordeste. Muitos dos artefatos gregos descobertos no país foram realmente repassados por intermediários fenícios. No século IX a.C., os fenícios fundaram sua primeira colônia em Cádis, causando forte impacto na cultura ibérica. Eles trocavam azeite e vinho por prata, mas também contribuíram com preceitos religiosos, técnicas de trabalho com metais e alfabetização das comunidades. Esse período é conhecido como "orientalização" da pré-história espanhola. O número de colônias foi diminuindo à medida que se aproximava o fim do século VI; as que permaneceram estavam próximas a Cartagena, o povoado mais importante dos fenícios na região ocidental do mar Mediterrâneo. Todavia, em 218 a.C., os cartagineses, sob o comando de Aníbal, estenderam os domínios sobre a península, provocando com isso a ira do Império Romano.

Os romanos

Os romanos chegaram à península no século II a.C. para destruir o poder dos cartagineses e forçar a Espanha a fazer parte de seu império. Foram precisos aproximadamente duzentos anos para conseguir subjugar o povo. Os romanos construíram estradas, sistemas de irrigação e maravilhosas obras de engenharia. Alguns exemplos impressionantes, como o aqueduto de Segóvia, a ponte sobre o Tajo, em Alcântara, ou o anfiteatro de Mérida, permanecem de pé até hoje.

A língua, a religião e as leis espanholas nasceram nesse período. Alguns componentes das classes altas de cidades e povoados espanhóis faziam parte da elite do Império Romano. Entre eles, podemos citar o filósofo e escritor Sêneca, o poeta Marcial e diversos membros do Senado romano, incluindo

Trajano e Adriano, que mais tarde se tornaram imperadores.

Os visigodos, por sua vez, chegaram no século V da era moderna, mas as últimas fortalezas ibero-romanas só vieram a cair no século VII.

A influência árabe
No ano 711, os mouros do norte da África navegaram os meros quinze quilômetros que os separavam da Espanha e, no espaço de alguns anos, rechaçaram os visigodos de volta para os montes Cantábricos, no norte do país. Esse povo de origem árabe permaneceu na Espanha por mais de oitocentos anos, uma época de tolerância em que muçulmanos, cristãos e judeus conviviam harmonicamente. A Espanha Medieval foi o único país multirracial e multirreligioso da Europa

Ocidental, e grande parcela do desenvolvimento da civilização espanhola em relação à religião, à literatura, às artes e à arquitetura durante a Idade Média tem origem nesse fato. Muitas das belas edificações construídas pelos mouros, como a Torre da Giralda e o Alcázar de Sevilha, além do mágico Palácio de Alhambra, em Granada, ainda nos encantam nos dias de hoje.

Durante esse período, houve a ascensão e a queda de diversos emirados. Por exemplo, o Califado de Córdoba gerou uma brilhante civilização que durou apenas pouco mais de um século antes de se fragmentar em uma série de principados rivais. A cultura da corte abraçou campos tão distintos como os da historiografia, caligrafia, poesia, música, botânica, medicina, matemática, astronomia, trabalhos em marfim e metalurgia. Os mouros ficaram no país até 1492, embora na segunda metade do século XIII seus poderes tenham se limitado a Granada.

A *Reconquista*

As divisões entre os mouros se assemelhavam às ocorridas entre os cristãos espanhóis. O país estava dividido em diversos reinos, que não desejavam unir forças até a segunda metade do século XV.

Finalmente, Fernando II de Aragão e Isabel I de Castela uniram seus reinos com seu casamento e lideraram a Reconquista, nome dado às lutas para a retomada do território perdido para os que não seguiam a religião cristã.

Apoiados pela Inquisição, destruíram a sociedade tolerante existente na Espanha e forçaram as pessoas a conversões religiosas. Os mouros não foram as únicas vítimas. Os judeus tinham atendido bem às demandas da Espanha cristã e de seus monarcas, formando uma classe comercial ativa e uma elite informada que ocupava vários postos administrativos. Mas, inevitavelmente, a heterodoxia e a riqueza que possuíam causavam ciúmes e ódio em uma população que se via como defensora do cristianismo contra os infiéis.

A partir do início da Inquisição espanhola, em 1478, forçavam-se cada vez mais as tentativas de conversão, e elas incluíam confiscos de propriedade e torturas que, com muita frequência, levavam à morte. Logo após a tomada de Granada, a última cidade moura, em 1492, todos os judeus que se recusassem a se converter ao cristianismo eram expulsos.

Durante a Reforma, o medo da heresia levou a Igreja a se opor a novas ideias, o que fez a Espanha se afundar em séculos de pobreza intelectual.

Em 1609, os últimos mouros deixaram o país, e a Espanha ficou carente de expertise administrativa e agrícola; no entanto, ainda restava alguma influência daquele povo. Muitos cristãos de outros países também tinham estudado com os mouros. Um exemplo foi o da Escola de Tradutores, fundada no século XII em Toledo, em que estudantes judeus, cristãos e mouros trabalhavam lado a lado. As traduções em latim resultantes trouxeram esse tesouro do conhecimento e da filosofia não somente para a Espanha, mas também para a Itália e a França, plantando as sementes da Renascença.

O Século de Ouro

A conquista de Granada permitiu que Castela concentrasse os principais recursos e esforços na exploração ultramarina em vez de nos conflitos domésticos. O apoio que Cristóvão Colombo recebeu de Isabel foi indicativo dessa nova política. Em 1492, Colombo fez a grande descoberta da América — o Novo Mundo. Espanha e Portugal dividiram o espólio entre si, e praticamente toda a América do Sul, a América Central e a América do Norte, além das Filipinas, foram incorporadas como possessões espanholas. No século XVI, a Espanha era a potência mais importante do mundo, com um enorme império, frotas de embarcações em todos os mares, e uma vida brilhante do ponto de vista cultural, artístico e intelectual. O ouro e a prata, os objetivos principais dos conquistadores, floresceram em quantidades fabulosas para o país.

Quando Carlos I (eleito imperador do Sacro Império Romano-Germânico em 1519, com o título de Carlos V) assumiu o trono, a Espanha ainda estava dividida em pequenos reinos e principados. No entanto, à época em que ele abdicou do cargo em favor de seu filho, Felipe II, em 1556, o país estava a caminho de se tornar uma monarquia absoluta e centralizada, embora a

Catalunha, Navarra, Aragão, Valência e o País Basco ainda pudessem ter um considerável grau de autonomia.

Essa transferência de poder dentro da própria Espanha tirou da Catalunha, a região mercantil mais importante, a participação dos novos mercados, e ela foi efetivamente proibida de negociar com o Novo Mundo. Ao descartar os judeus e os catalães, a Espanha se privou de seus cidadãos mais economicamente ativos e, finalmente, teve de depender de financiadores alemães e italianos.

Uma parcela muito pequena dos tesouros conseguidos na América parece ter sido investida na economia. A maior parte foi utilizada para a corte se exibir, para liquidar impostos, financiar seus exércitos no estrangeiro e pagar a credores fora de seu território. Com isso, a Espanha, com todos os tesouros do Novo Mundo sob o seu comando, permanecia um país pobre.

Durante o século XVI, a Igreja expandiu sua posição já dominante na vida espanhola, e a Inquisição atingiu o ápice de poder. Paralelamente, a Contrarreforma buscava recuperar a Europa protestante para a Igreja e aumentar o tom espiritual dos países católicos. A Ordem dos Jesuítas, fundada por santo Inácio de Loiola, um ex-soldado, foi uma das forças mais importantes. Seus missionários aportaram em praticamente todas as regiões do mundo e obtiveram sucesso na conversão de milhões de pessoas ao catolicismo. A vida dos jesuítas corria um imenso risco, e milhares de padres foram perseguidos ou mortos em suas missões de conversão. No entanto, em algumas nações, como Índia e China, os jesuítas foram acolhidos como homens sábios e da ciência.

A educação tinha importância fundamental para os jesuítas. Em quase todas as cidades europeias mais influentes, eles fundaram escolas e faculdades, e durante 150 anos lideraram o ensino no continente. (Em virtude de sua lealdade às diretrizes papais, os jesuítas posteriormente foram arrastados para a luta entre o papado e a monarquia dos Bourbon, e, na metade do século XVIII, foram expulsos de muitos países, inclusive da Espanha. Em 1814, foram restabelecidos mais uma vez.)

Esse período foi também um verdadeiro Século de Ouro para as artes e as letras espanholas. A literatura atingiu o ápice com o lançamento de *Dom Quixote*, de Cervantes, comparado a *Hamlet*, de Shakespeare, e à *Ilíada*, de Homero. Escrita com o intuito de zombar dos romances populares de cavalaria que glorificavam os ideais de cortesia, fidelidade, coragem e lealdade, essa obra foi também considerada parte da tradição picaresca (descrevendo as aventuras de um pícaro, um vagabundo sem rumo). Houve uma profusão de grandes poetas, como Garcilaso de la Vega, San Juan de la Cruz e Luis de Góngora. O teatro se beneficiou de muitas peças de Lope de

Vega, Tirso de Molina e Calderón de la Barca. Igualmente, no mundo das artes, Diego Velázquez, "El Greco" (Domenikos Theotokopoulos), Zurbarán e Murillo foram artistas proeminentes da época.

O declínio

Com a Espanha, Felipe II também tinha herdado a Sicília, Nápoles, a Sardenha, Milão, o Franco-Condado, os Países Baixos (Holanda) e todas as colônias espanholas. No entanto, uma série de guerras e revoltas longas e custosas, encabeçadas pela derrota da "Invencível Armada" para os ingleses, em 1588, deu início ao declínio do poder espanhol na Europa. No século XIX, houve a invasão de Napoleão, que impôs a coroação de seu irmão como rei, dando origem aos violentos conflitos a que os espanhóis chamaram de Guerra da Independência, e os ingleses, de Guerra Peninsular. A Espanha expulsou os franceses, mas somente com a ajuda dos ingleses e dos portugueses. Posteriormente, ocorreu a revolta e a independência da maioria das colônias espanholas. Houve também três guerras causadas por sucessões monárquicas, a breve eliminação da monarquia e a instauração da Primeira República (1873-1874), quando se considerou a ideia da Espanha como um Estado federativo. Finalmente, a Guerra Hispano-Americana (1898) selou seu destino. A Espanha perdeu Cuba, Porto Rico e as Filipinas para os Estados Unidos, e os dias do império terminaram.

No fim do século XIX, ocorreram divisões profundas na sociedade espanhola. Os partidos Socialista e Anarcossindicalista começaram a angariar amplo número de seguidores entre as classes mais baixas, particularmente na Catalunha industrial, na Andaluzia rural e nos distritos mineradores das Astúrias. Tornaram-se comuns greves e rebeliões, suprimidas com enorme brutalidade. A Igreja, que apoiava os proprietários de terras, fez crescer um sentimento anticlerical, muitas vezes violento, mas impregnado de elementos revolucionários e até liberais. Nesse período, as Forças Armadas observavam tudo atentamente, em seu papel autoimposto de guardiã dos valores essenciais do povo espanhol.

O apoio do rei à ditadura militar do general Miguel Primo de Rivera, em 1923, gerou a desconfiança pública e a massacrante vitória dos republicanos nas eleições de 1931, após a renúncia do general, em 1930. Alfonso XIII foi exilado em 14 de abril de 1931. O governo implantou uma série de reformas, incluindo a autonomia do País Basco e da Catalunha, e certas restrições sobre o poder da Igreja. Temendo mais mudanças, os conservadores se uniram para as eleições de 1933. Enquanto isso, iniciaram-se divisões internas entre os esquerdistas, que concorreram como partidos separados. Acabaram perdendo. O governo de direita que se instalou começou imediatamente a reverter as reformas conduzidas desde 1931.

A Guerra Civil

As eleições seguintes, em 1936, foram ganhas pela Frente Popular, uma coalizão de vários partidos de esquerda, e mais uma vez foram reintroduzidas reformas. Os conservadores imediatamente começaram a planejar a resistência. Rumores de um golpe militar apressaram o governo a transferir diversos oficiais do alto escalão do Exército para postos remotos, prevendo que isso dificultaria a comunicação entre eles. (Francisco Franco foi enviado para o Marrocos.) Apesar de seus esforços, a rebelião militar conservadora irrompeu em 18 de julho. Os organizadores esperavam uma vitória rápida. Mas, ao contrário, a população civil pegou em armas em apoio ao governo. Os insurgentes, ou nacionalistas, liderados pelo general Franco, reuniam a maioria dos grupos conservadores, notadamente os monarquistas, a maior parte das Forças Armadas, os clérigos, os proprietários de terra, os industriais e os carlistas (movimento político de direita que se opunha ao secularismo liberal e ao modernismo econômico e político).

Nessa etapa, os rebeldes de direita perceberam que teriam de procurar ajuda externa e apelaram para as ditaduras fascistas instaladas na Itália, na Alemanha e em Portugal, que enviaram suprimentos e homens. A Marinha permaneceu fiel ao governo, e os pilotos de Hitler começaram a transportar soldados e equipamentos a partir de bases instaladas no Marrocos espanhol. A destruição que provocaram em abril seguinte, na cidade basca de Guernica, chocou o mundo.

Apesar do apoio praticamente irrestrito para se ter uma república entre os intelectuais britânicos e do amplo suporte conseguido entre as classes trabalhadoras, o governo conservador britânico preferiu não interferir, não apenas temendo uma guerra de proporções internacionais, mas também porque simpatizava mais com as diretrizes conservadoras dos rebeldes do que com as do governo instalado. A França concordava com as ideias do governo espanhol, mas, receosa de seu próprio Exército, se sentia numa posição demasiadamente fraca para fazer algo a mais. Após enviar uma esquadrilha de aviões, eles propuseram uma política de não intervenção que foi mantida durante toda a guerra (embora a Alemanha e a Itália meramente a ignorassem). Os legalistas, da ala da esquerda, receberam um mísero apoio da Rússia e do México.

A eleição espanhola de 1936 já tinha sido considerada uma grande vitória para as classes trabalhadoras, de modo que a revolta militar foi vista como um assalto contra os interesses dos trabalhadores de todas as partes do mundo. A rápida intervenção de tropas estrangeiras internacionalizou a Guerra Civil, que se tornou um marco da crescente luta mundial entre o fascismo e a democracia. Voluntários estrangeiros chegaram ao país para combater em ambos os lados. As tropas que lutaram com os legalistas eram chamadas de brigadas internacionais.

Os indivíduos vinham de uma variedade de grupos esquerdistas, mas eram quase que invariavelmente liderados pelos comunistas. Esse fato gerou problemas com outros grupos republicanos, como o Partido Operário de Unificação Marxista (POUM) e os anarquistas, que provocaram diversas rebeliões em maio de 1937, em Barcelona. Essas desavenças internas dos esquerdistas arruinaram seu espírito e enfraqueceram seus exércitos.

Apesar da inferioridade militar e de sangrentas divisões internas, os legalistas tomaram posições importantes, particularmente na região central da Espanha. No início de 1938, no entanto, o território detido pelos legalistas tinha se reduzido dramaticamente e, com a queda de Barcelona, em janeiro de 1939, a guerra praticamente acabara. Madri se rendeu em março, e o governo legalista e milhares de refugiados fugiram para a França.

No total, cerca de 3,3% da população espanhola morreu durante a guerra, e outros 7,5% ficaram feridos. Informações disponíveis sugerem que houve perto de quinhentas mil mortes durante a Guerra Civil Espanhola. O bloqueio econômico de regiões controladas pelos republicanos provocou desnutrição na população civil, o que supostamente causou a morte de cerca de 25 mil pessoas. Após a guerra, diz-se que o governo do general Franco executou cem mil prisioneiros republicanos, e estima-se que mais 35 mil combatentes morreram posteriormente em campos de concentração.

A ditadura de Franco
O general Franco instalou uma ditadura que restabeleceu a posição privilegiada da Igreja e devolveu a ela suas propriedades. O *Movimiento Nacional* (Movimento Nacional) se tornou o único partido popular, abrangendo todos os grupos de direita, e a oposição esquerdista foi suprimida. O Parlamento e a autonomia basca e a catalã foram abolidos — mas o Parlamento foi restabelecido em 1942.

Embora tenha apoiado o Eixo (Alemanha e Itália) durante a Segunda Guerra Mundial, a Espanha não tomou parte de fato nos combates. Todavia, em 1946, as Nações Unidas, recusando-se a reconhecer a constitucionalidade do regime de Franco, incitaram seus membros a romper relações diplomáticas com o país; essa resolução só foi rescindida em 1950. Um acordo com os Estados Unidos em 1953 abriu espaço para a instalação de bases norte-americanas na Espanha e para a ajuda econômica e militar entre os dois países. A Espanha ingressou nas Nações Unidas em 1955. A intranquilidade política, parcialmente em razão do problema da sucessão do regime de Franco, passou a ser cada vez mais evidente na década de 1950, e, no início da década de 1960, a Igreja, que há tempos tinha se silenciado, começou a vocalizar certa oposição aos aspectos da ditadura. Em 1962, uma série de greves, iniciadas nos campos carboníferos das Astúrias, indicava descontentamento geral. Também ocorreram demonstrações estudantis. O separatismo basco trouxe outros problemas graves para o regime. Sua organização terrorista, o ETA (*Euskadi ta Askatasuna* — Pátria Basca e Liberdade), lutava contra o regime. Seu maior êxito foi o assassinato de Carrero Blanco, primeiro-ministro de Franco, em 1973. Durante esse regime, o ETA gozou de grande apoio público, mas isso mudou depois que a democracia foi restaurada.

Em 1966, Franco anunciou uma nova lei orgânica (Constituição). Ela separava o posto de chefe de governo do de chefe de Estado, previa eleições diretas de cerca de um quarto dos membros do Parlamento, concedia o direito de voto às mulheres casadas, tornava a liberdade religiosa um direito legal e terminava com o controle governamental dos sindicatos de trabalhadores. Contudo, a formação de novos partidos ainda era desencorajada. A censura da imprensa terminou em 1966, mas ainda restavam diretrizes restringentes.

Do ponto de vista econômico, a Espanha progrediu dramaticamente na década de 1960 e no início da década de 1970, estimulada em parte pelas políticas econômicas liberais adotadas pela Opus Dei (ordem laica do catolicismo que promove os valores cristãos e trabalha para suprimir o liberalismo e a imoralidade — controversa entre os católicos, em virtude de sua natureza sigilosa, da ênfase na disciplina, no conservadorismo e na riqueza). O crescimento foi

particularmente pronunciado nos setores do
turismo, da construção e no automotivo.

A transição
Em 1969, o general Franco nomeou seu sucessor,
Juan Carlos, filho do legítimo herdeiro do trono
— o rei exilado Alfonso XIII. Juan Carlos havia
jurado fidelidade a Franco e a seu regime, e parecia
disposto a manter esse voto. Na verdade, ele tinha
aspirações reformistas. A morte de Franco, em 20
de novembro de 1975, e a ascensão de Juan Carlos
como rei, dois dias depois, abriram uma nova era:
a transição pacífica até a democracia. Arias
Navarro, o chefe conservador do governo, foi
incapaz de empreender a transição democrática
apoiada pelo rei.

Quando ele renunciou ao cargo, em 1976, foi
substituído por Adolfo Suárez Gonzalez, ex-
-ministro franquista. Suárez assumiu o posto
prometendo que seriam realizadas eleições dentro
de um ano, e seu governo se mobilizou para
promulgar uma série de leis a fim de liberalizar o
novo regime. As primeiras eleições espanholas
desde 1936 foram realizadas em 15 de junho de
1977. Suárez e seu novo partido, a *Unión de Centro
Democrático* (UCD), retornaram ao poder com
34% dos votos. Sob o comando de Suárez, o novo
Parlamento iniciou os trabalhos de elaboração de
uma Constituição democrática que foi aprovada
com maioria esmagadora dos votos em um
referendo nacional em dezembro de 1978. Foram
concedidos ao País Basco, à Catalunha e a outras

regiões espanholas diversos graus de autonomia. No entanto, no conceito de alguns separatistas bascos, essas medidas não foram suficientes. O ETA continuou cometendo assassinatos, embora os níveis de violência tenham sido reduzidos desde a década de 1990, quando foram presos muitos líderes dessa organização. Confrontada pelo terrorismo e pela recessão econômica, a UCD se desintegrou em facções e, após pesadas derrotas nas eleições locais, Suárez renunciou em janeiro de 1981.

A posse de Leopoldo Calvo Sotelo, também membro da UCD, foi interrompida por uma tentativa de golpe militar do tenente-coronel Antonio Tejero, que ocupou o Parlamento (23 de fevereiro de 1981) e manteve como reféns o governo e os parlamentares durante dezoito horas. A tentativa foi em vão, em virtude da conformação resoluta do rei Juan Carlos à Constituição democrática. Esse episódio foi um verdadeiro divisor de águas, pois a população aceitava cada vez mais o rei como um real defensor da democracia, e não um fantoche do antigo regime. Coube a Calvo Sotelo a tarefa de restaurar a confiança na democracia. Seu feito mais notável foi a entrada da Espanha na Otan, em 1982.

As eleições de outubro de 1982 marcaram o rompimento final com o legado franquista, pelo retorno do *Partido Socialista Obrero Español* (PSOE), sob a liderança de Felipe González, que obteve maioria sólida de cadeiras no Parlamento. Esse foi o primeiro governo no qual nenhum de seus membros servira ao franquismo, o que pavimentou a estrada para um novo futuro. A Espanha se tornou país-membro da Comunidade Europeia em 1986 e, em 1992, atingiu proeminência global com a Feira Mundial Expo 92, em Sevilha, e com os Jogos Olímpicos em Barcelona.

O PSOE continuou no poder até 1996, quando um governo de centro-direita assumiu a administração. José María Aznar López, líder do Partido Popular (PP), tornou-se primeiro-ministro numa coalizão com os nacionalistas catalães. Ele implementou um governo austero e programas de privatização, e a economia teve um crescimento econômico significativo. Em 1999, a Espanha passou a fazer parte do plano de moeda única da União Europeia e, beneficiando-se da prosperidade econômica da nação, Aznar liderou o PP à maioria de cadeiras nas eleições de março de 2000. A Espanha, finalmente, tinha se tornado uma democracia estável.

AS REGIÕES

"Os iberos jamais se combinariam, jamais [...] congregariam suas forças com outros — tampouco sacrificariam seus interesses locais privados em favor do bem geral", afirmou o viajante e escritor inglês Richard Ford, no século XIX. Os espanhóis são um povo individualista. A fidelidade de um espanhol é dedicada, primeiramente, a seu povoado ou vilarejo, depois à sua região e, finalmente, caso a tenha, a seu país. Esse orgulho de sua região, somado à desconfiança acerca da interferência de estranhos, levou à divisão do país.

Na atualidade, há dezoito regiões, chamadas comunidades autônomas: País Basco, Catalunha, Galícia, Andaluzia, Astúrias, Aragão, ilhas Baleares, ilhas Canárias, Cantábria, Castela e Leão, Castela-La Mancha, Estremadura, Madri, Múrcia, Navarra, La Rioja, Valência, além de Ceuta e Melilla, no norte da África.

O governo central concedeu, nos primeiros cinco anos, a todas as regiões o controle de organização de instituições, planejamento urbano, serviços públicos, moradia, proteção ambiental, assuntos culturais, esportes e entretenimento, turismo, saúde e bem-estar social e cultivo do idioma regional, nas regiões onde este existisse. Após esse período, elas poderiam aderir à "plena autonomia", mas o significado dessa expressão não foi claramente definido.

A transferência de poderes aos governos autônomos tem sido determinada num processo contínuo de negociações entre as comunidades individuais e o governo central, o que tem gerado repetidas disputas. As comunidades, especialmente a Catalunha, têm se queixado de que o governo retarda a concessão de poderes e o estabelecimento de acordos financeiros. Nem todas as regiões têm os mesmos poderes. Por exemplo, o País Basco e a Catalunha detêm suas próprias forças policiais, já Navarra tem um acordo financeiro diferente das outras regiões. Na verdade, algumas destas merecem menção especial.

As regiões "históricas" — País Basco, Catalunha e Galícia — devem ser consideradas separadamente. Elas se localizam no norte do país, próximas da França, e têm um clima mais ameno que aquele verificado em grande parte da Espanha. Ficaram, conforme o caso, sob o domínio dos mouros por um curto período de tempo. Têm suas próprias línguas (não dialetos) e tradições. Dentre elas, a Galícia é a mais pobre e não reivindica tanto a autonomia como as outras regiões. O País Basco e a Catalunha são as regiões espanholas mais industrializadas, mantendo uma ética do trabalho diferente do restante do país. São regiões que não gostam de ser chamadas de espanholas e demonstram grande lealdade a suas próprias bandeiras (a *Ikurriña* no País Basco, e a *Senyera* na Catalunha). A Andaluzia é a maior região espanhola, visitada por milhares de turistas todos os anos. Ela também merece uma menção especial, pois retrata a Espanha tradicional.

País Basco (*Euskal Herria*)
Os bascos ocuparam o norte da Espanha (e parte da França) há milhares de anos, antes da ascensão do Império Romano. A região é conhecida como *Euskal Herria* ou *Euskadi*, como é chamada no próprio

idioma basco, o euscaro. Essa língua não tem origem latina nem é oriunda de quaisquer línguas indo-europeias. Aliás, existem muitas especulações sobre suas raízes. Pesquisadores a associaram a línguas de muitas partes do mundo, mas jamais foi confirmada nenhuma dessas ligações.

O povo basco é muito diferente de seus vizinhos. Eles são mais altos e mais fortes, têm a mais alta proporção de portadores de sangue do tipo Rh negativo da Europa (25%) e um dos índices mais altos de portadores do tipo sanguíneo O (55%). Com avivados ideais de independência, eles retiveram a soberania até aproximadamente o século XIV. Mesmo naquela época, eram apenas nominalmente integrados e podiam vetar leis dizendo "nós obedecemos, mas não nos conformamos". Foi só a partir do século XIX que o governo centralizador de Madri os destituiu desses direitos. Com receio da perda de sua língua e de sua cultura, os bascos começaram a pressionar pela implementação de reformas e por uma autonomia ainda maior. Todavia, a Guerra Civil e a ditadura fascista que a ela se seguiu proibiram todas as tentativas externas de identidade basca, e a própria comunicação no idioma original foi considerada ilegal.

Os bascos sofreram terrivelmente durante a Guerra Civil Espanhola e sob a opressão subsequente. Eles começaram a se organizar gradualmente de forma clandestina, e o ETA — os separatistas do grupo — tem lutado pela independência desde 1959. Embora muitos de seus integrantes tenham saído assim que a autonomia foi obtida, alguns membros mais radicais permaneceram. Eles continuaram os ataques terroristas por toda a Espanha, objetivando a independência total para o País Basco, mas não contam mais com o apoio da maioria.

Se você visitar essa região, verá paisagens lindas e desfrutará de uma comida maravilhosa. As pessoas bebem mais do que em outras regiões e, de modo geral, se faz vista grossa para as bebedeiras. O espanhol ainda é a língua dominante, o que é justo, pois você não entenderia uma única palavra do euscaro. Os bascos são um povo orgulhoso, donos de um patrimônio rico que merece respeito.

Catalunha (*Catalunya*)

A Catalunha está situada no noroeste da costa mediterrânea, próximo à fronteira com a França. Ela abriga uma população de seis milhões de pessoas, 75% das quais vivem em Barcelona, a capital, ou nos arredores. Comercialmente bem--sucedida, é a região mais rica da Espanha, e se considera mais "europeia" que os outros territórios. O catalão, a língua local, deriva do latim, mas soa muito diferente do espanhol, visto que muitas palavras latinas com duas sílabas são reduzidas a um monossílabo. Por exemplo, *noctem* ("noite" em latim) passa a ser *noche* em espanhol e *nit* em catalão, e *totus* ("todos" em latim) é *todo* em espanhol e *tot* em catalão.

A exemplo do País Basco, a Catalunha jamais se sentiu parte da Espanha. Apesar de estar sujeita ao controle de Castela e Aragão desde 1479, a região manteve o próprio governo local até o século XVIII e na Guerra de Sucessão Espanhola. Ela teve seu próprio império mediterrâneo em determinada época, e hoje o catalão ainda é falado no vilarejo de Alguers, na Sardenha.

Em 11 de setembro de 1714, as tropas dos Bourbon invadiram Barcelona, da mesma forma como aconteceu, em 1066, com os ingleses. O governo foi subjugado, o espanhol passou a ser a língua oficial, fecharam-se as universidades, e a Catalunha ficou totalmente sob o controle de Madri. Durante a ditadura de Franco, o ensino do catalão foi proibido nas escolas e apenas gradualmente permitido em público. Quando a autonomia foi dada, começaram as reformas. Hoje, o catalão é utilizado como língua cotidiana, e as antigas instituições voltaram a fazer parte da rotina.

Houve extensa migração de espanhóis das regiões mais pobres do país para a Catalunha. Com todo esse crescimento migratório (um milhão de pessoas só nos anos 1960), os costumes e a língua espanhola se tornaram predominantes, resultando num choque cultural para ambas as partes. Os catalães esperavam que suas tradições regionais fossem aceitas, enquanto os recém-chegados não conseguiam perceber o motivo pelo qual deveriam mudar; afinal, eles ainda estavam em seu próprio país.

Os catalães possuem poucas características tradicionalmente espanholas. Eles se dedicam ao trabalho, são cuidadosos, confiáveis e sérios. (Os outros espanhóis os consideram mesquinhos, enfadonhos e materialistas.) Também não são tão esbanjadores, ou tão generosos, se comparados aos outros (o termo depende do ponto de vista). Normalmente, não pagam rodadas de bebidas, mas pagam pelo que consomem. Também não são tão simpáticos como os demais espanhóis, mas isso se deve a uma reserva natural da parte deles. São educados e prestativos, se solicitados, mas não costumam se intrometer. Os estrangeiros terão poucos problemas nessa região. A vida é muito semelhante à de outras partes da Europa, mas talvez você possa sentir falta daquela acolhida afetuosa dos habitantes de outras regiões espanholas.

Galícia

A Galícia é outra região espanhola que tem sua própria língua e um forte sentimento nacionalista. Ela está situada na extremidade fria e úmida do noroeste da península. Compartilha um clima semelhante ao dos países celtas (Irlanda, País de Gales e Escócia), e o mesmo conhecimento de poesia, canções e música. Apesar de enfatizar seus vínculos celtas, não há evidência de que a Galícia teve mais contato com essa cultura do que as outras regiões do país.

Diferentemente do País Basco e da Catalunha, a Galícia permanece relativamente pobre, com a economia baseada na agricultura e dominada por uma sociedade rural. Estima-se que, nos últimos cinco séculos, um em cada três homens naturais da região teve de deixar sua terra para trabalhar em outra parte da Espanha, da Europa ou da América do Sul. Em algumas regiões da América do Sul, a denominação *galego* (que significa "da Galícia") é sinônimo de "espanhol". (Um dos mais famosos descendentes de imigrantes galegos é Fidel Castro.)

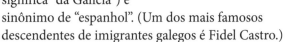

O nacionalismo da região, que irrompeu cedo, nos anos 1840, recordava uma era dourada mítica quando ainda existia o reino medieval da Galícia. Houve, de fato, um rei da Galícia, coroado em 1111; seu reino, no entanto, foi fragmentado depois de alguns anos e a região sul viria a se tornar Portugal. A região norte sofreu desordens, até ser incorporada ao reino de Castela, em 1483.

Apesar de uma pesquisa de 1990 afirmar que 63% da população da Galícia fala e entende o galego, ele geralmente não é utilizado pelas classes média e alta, não estando, portanto, vinculado ao progresso social. Muitas famílias atualmente educam seus filhos para que falem o espanhol.

O general Franco era originário da Galícia, mas a região não se beneficiou de sua ditadura. Esquecidos ou ignorados pela maioria dos governos, pois não detinham poder, os galegos geralmente são pessoas desconfiadas. Entre os outros espanhóis, carregam a fama de ser cautelosos e trapaceiros. No entanto, a região oferece passeios lindíssimos durante o verão. O clima mais fresco e as lindas paisagens complementam a degustação de frutos do mar e de vinho branco. Você pode ir a várias festividades de vilarejos. A falta de modernização geralmente não incomoda os turistas; ao contrário, dá um toque especial às atrações regionais.

Andaluzia
A Andaluzia cobre uma área de aproximadamente 87.268 km^2, que corresponde a 17,3% do território espanhol. Essa característica faz dela a maior região individual da Espanha, com área maior do que a de países como Bélgica ou Holanda. Provavelmente é uma das regiões mais conhecidas do país, pois engloba a Costa del Sol e seu invejável clima. No entanto, no interior, as condições são mais rigorosas — é extremamente gelado no inverno e "infernal" no verão. Estepa, perto de Sevilha, é conhecida como *la sartén* (a frigideira), por causa do calor.

Tradicionalmente, grande parte da Andaluzia consistia de vastas propriedades com donos ausentes e trabalhadores casuais. A pobreza gerou movimentos migratórios, particularmente de 1950 a 1970, e vários programas subsidiados pelo governo central após a ditadura. (Desde 1982, e por mais de dez anos, o presidente espanhol foi natural de Sevilha, e as *malas lenguas* [más línguas] diziam que ele favorecia sua região. Um exemplo disso é que, para trafegar nas rodovias do País Basco e da Catalunha, é obrigatório pagar pedágio, enquanto todas as rodovias da região da Andaluzia têm passagem livre.)

A Feira Mundial Expo 92, realizada em Sevilha, em comemoração aos quinhentos anos da descoberta da América, foi tão importante para a Andaluzia como as Olimpíadas foram para a Catalunha.

A infraestrutura da região foi melhorada e grande parte de Sevilha foi modernizada. A região tem agora mais de 24 mil quilômetros de autoestradas e rodovias, além de alguns dos melhores aeroportos internacionais do mundo. As linhas ferroviárias também melhoraram muito além das expectativas, e hoje é possível fazer uma viagem de Sevilha a Madri em apenas duas horas e meia.

Apesar da modernização da Andaluzia, ainda é possível parar em algum vilarejo e ter uma amostra da "verdadeira" Espanha. Nada é comparável aos povoados andaluzes, pontilhados de telhados brancos, que brilham debaixo de um céu azul-claro. Ao longo da Costa del Sol, os vilarejos de Casares, Manilva e Mijas são localidades de fácil acesso.

A Andaluzia é o coração do folclore espanhol mais conhecido no mundo: lá você pode apreciar a magia do flamenco e assistir às touradas em sua plenitude. Mitos como Don Juan e Carmen foram inspirados nessas localidades. A lista de festivais realizados na região é interminável, e a receptividade da população faz da Andaluzia o local ideal para se visitar e desfrutar.

À diferença das regiões anteriormente mencionadas, o povo da Andaluzia tem todas as características que supostamente retratam o típico espanhol. Eles são amigáveis, acolhedores, generosos e espontâneos, e vão, sem dúvida, adiar o que for possível para *mañana* (amanhã), a fim de apreciar intensamente o dia de hoje. Se você tem poucos dias para visitar a Espanha, este é o lugar aonde ir. A especialidade dos andaluzes são as amizades superficiais. Todas as pessoas são aceitas.

PRINCIPAIS CIDADES
Madri e Barcelona
Madri (2.984.576 habitantes) e Barcelona (1.503.451 habitantes) são as duas maiores cidades espanholas. Madri é a capital do país desde o reinado de Felipe II, em meados do século XVI. Sua posição no centro geográfico do país é simbólica. Apesar da autonomia de todas as regiões, o processo de centralização permanece. À primeira vista, Madri pode parecer uma cidade burguesa, grandiosa e um tanto quanto sufocante. No entanto, está aberta a todos; seu temperamento foi formado pelo influxo de cidadãos de um país marcado pela diversidade, um grande império e um exército de burocratas.

Barcelona é a maior cidade na região banhada pelo mar Mediterrâneo, e há cerca de dois séculos mantém a reputação de posto mercantil. Durante muitos anos, foi o centro econômico do país, embora Madri fosse o centro administrativo e a sede do governo. Atualmente, as duas localidades competem pelo mercado internacional.

Os Jogos Olímpicos de 1992 tiveram importância extraordinária para Barcelona, tornando possível exibir seu profissionalismo em nível internacional. Foi também uma oportunidade para reabilitar a parte antiga da cidade. Removeu-se um cinturão de velhas fábricas, e a faixa litorânea foi estendida e aberta. As estradas foram melhoradas para ajudar na comunicação entre a cidade e o restante da região. Os jogos foram um enorme sucesso.

A rivalidade entre as duas cidades mais proeminentes da Espanha é notória, e em nenhuma área isso é mais evidente do que no futebol. Os times Real Madrid e Barcelona têm torcedores não apenas no país, mas por toda a Europa. Desde a década de 1940, os jogos entre os dois times ofuscam quaisquer outras partidas disputadas no país. Durante o governo franquista, uma vitória do Barcelona era vista pelos catalães como uma derrota do ditador. Nos dias atuais, as vitórias dizem apenas qual é o melhor time.

Apesar de Madri ser a sede do governo e da família real, praticamente todas as ideias que modelaram a história espanhola moderna — republicanismo, federalismo, anarquismo, sindicalismo e comunismo — entraram no país pela Catalunha. Em seu livro *The New Spaniards*, John Hooper acrescenta que a moda, seja na maneira de vestir, na filosofia ou nas artes, passa primeiro por Barcelona, anos antes de chegar a Madri.

Há muitas atrações para o turista nas duas cidades. Uma ida a Madri deve incluir a visita aos fabulosos monumentos históricos e culturais, entre eles o Palácio Real, o Museu do Prado, com sua enorme coleção de trabalhos de Goya, Velázquez e El Greco, o Museu de Arte Moderna Reina Sofia, que abriga o famoso quadro *Guernica*, de Picasso, e o Museu Thyssen-Bornemisza, que descreve a história da arte, desde a Itália do século XIII ao modernismo. Ao anoitecer, Madri se agita. Os bares ficam cheios, e uma multidão passeia pelo centro nas noites de verão. Renove suas energias nas horas da *siesta* e prepare-se para a diversão.

Em Barcelona, caminhe calmamente pelas ruas estreitas do Bairro Gótico, onde você vai encontrar uma catedral imponente cuja construção começou no século XIII e continuou por mais seis séculos. Um passeio por La Rambla vai levá-lo até a casa de espetáculos Liceu, recentemente reformada, após ser consumida por um incêndio em 1994. Nesse calçadão, há sempre uma invasão de turistas ávidos por compras, e é comum ver artistas de rua se apresentando em toda sua extensão. Na parte final, você poderá apreciar a grande estátua de Cristóvão Colombo com os olhos voltados para o mar e a nova marina bem à sua frente.

Visite também os museus de Miró e Picasso, e a Sagrada Família, catedral inacabada e suntuosa de Gaudí. Depois relaxe em um café, em uma das mesas dispostas na calçada, entre maravilhosos edifícios, e passe o tempo vendo os transeuntes que passeiam pelas imediações. Barcelona, uma cidade cosmopolita e movimentada, onde o antigo e o moderno convivem lado a lado, jamais vai desapontá-lo.

Capítulo **Dois**

VALORES E ATITUDES

Às vezes, os espanhóis podem dar a impressão de ser extremamente hedonistas. Parece que eles jamais pensam no futuro, apenas em desfrutar intensamente cada momento da vida; são alegres, amistosos e hospitaleiros.

Talvez essas características advenham do fatalismo, pois eles têm pouca ou nenhuma confiança nas instituições e na autoridade estabelecida, e não acreditam que elas possam mudar as coisas. Durante séculos, os espanhóis foram católicos militantes, defensores de uma fé que pregava que o sofrimento nesta vida traz recompensas na próxima. Portanto, o sofrimento é aceito como parte da vida, de sorte que, quando surge uma oportunidade para se divertirem, eles mergulham de cabeça. O risco também atrai os espanhóis — é por isso que eles admiram os homens que enfrentam a morte nas touradas. Os jesuítas, a grande ordem mestra da Espanha, iam pregar nos locais mais perigosos do mundo. Os hereges eram queimados em postes. O comprometimento da ordem era na base do tudo ou nada.

A Espanha se situa na extremidade da Europa e foi isolada do continente durante diferentes períodos. A cultura moura deixou sua marca no país — especialmente na região sul, onde os mouros permaneceram invencíveis por mais de setecentos anos —, e dizia-se mesmo que a África começava ao sul dos Pireneus. O famoso orgulho espanhol, o senso de honra e o machismo surgem nesse período. A Espanha teve de se ocupar com disputas entre os vários aspirantes ao trono durante muitos anos, e o temor da "heresia" cultivado pela Igreja afastava as novas ideias. Mesmo no século XX, Franco fechou as portas para o mundo exterior durante boa parte de sua ditadura. Os valores sociais eram conservadores, promoviam a ordem social e os valores católicos tradicionais, ou seja, suportar privações nesta vida na expectativa de uma recompensa na próxima, respeitar a autoridade e aceitar os preceitos da Igreja sobre as questões morais.

Esses valores começaram a mudar antes da morte de Franco e ainda estão mudando nos dias de hoje. Centenas de milhares de pessoas tiveram de abandonar as áreas rurais para encontrar trabalho nas cidades, e muitas outras emigraram para França, Alemanha e Suíça. Longe de suas raízes, suas ideias começaram a mudar. Depois, houve a chegada cada vez mais crescente de turistas ao país, trazendo, além de dinheiro, os valores materialistas e democráticos do norte da Europa. Na atualidade, continua ocorrendo esse processo de mudança, e a Espanha vai ocupando o seu lugar entre as nações mais importantes do mundo.

O clima mediterrâneo do país também exerce influência significativa. Os dias quentes de verão tornam o trabalho mais penoso, e as noites de clima ameno são perfeitas para a saída e a socialização com os amigos. Como na maior parte dos países, quanto mais os visitantes vão para o sul, maior a probabilidade de encontrarem pessoas mais tranquilas.

MAÑANA
Mañana quer dizer "amanhã" (e também "manhã") em espanhol. Entretanto, quando alguém promete fazer algo para você *mañana*, fique certo de que a palavra também é sinônimo de "algum dia", não necessariamente o seguinte! As coisas sempre vão acontecer mais tarde que o previsto, de modo que jamais diga a um espanhol quais são seus prazos verdadeiros. Faça como todo mundo faz — exagere na urgência e faça barulho. Os espanhóis raramente dizem "não"; preferem prometer fazer algo a desapontá-lo. Para eles, o futuro é um tempo nebuloso, com inúmeros dias em que as coisas podem ser feitas — em algum momento.

A FAMÍLIA
Na Espanha, a família é primordial, e os laços familiares são muito fortes. Os mais velhos são respeitados e, em alguns casos, três gerações ainda vivem juntas. Essa característica está mudando, pois as famílias estão ficando menores ou têm de

deixar sua cidade natal, mas, de modo geral, os membros de uma família ainda moram perto e mantêm contato frequente. Uma família com vinte ou trinta membros costuma se reunir para comemorar aniversários, em feriados santos (veja capítulo 3) e em outras ocasiões especiais.

Os espanhóis geralmente são reservados quanto à vida pessoal e, se há problemas, procuram lidar com eles dentro da família. Por exemplo, muitas mães, quando finalmente podem trabalhar fora de casa, geralmente dependem da ajuda dos próprios pais. Pessoas que se mudam para longe talvez encontrem muitas dificuldades ao não poderem depender mais de sua rede familiar.

Durante a ditadura imposta pelo general Franco, havia uma discriminação muito forte das leis espanholas contra as mulheres casadas. Elas precisavam da aprovação do marido, conhecida como *permiso marital* (permissão marital), para praticamente todas as atividades econômicas, como trabalhar, adquirir propriedades ou mesmo viajar para fora da cidade.

Logo após a morte de Franco, começaram a ocorrer reformas significativas desse sistema, que têm continuado desde aquela época. Durante séculos, o código de valores morais da Igreja estabelecera padrões rigorosos para reger a conduta sexual das mulheres (mas não dos homens); limitara suas oportunidades de carreira, honrando, contudo, seu papel de esposas e, mais importante, de mães; e proibira o divórcio, os métodos de contracepção e o aborto, permitindo a prostituição.

Após o retorno da democracia, a mudança do status das mulheres foi dramática. A permissão marital foi abolida em 1975, a venda de contraceptivos foi legalizada em 1978, e o divórcio, em 1981. Nesse mesmo ano, as partes do Código Civil que lidavam com as finanças familiares também sofreram reformas. O aborto foi finalmente legalizado em 1985, mas restrito a certos casos: gravidez resultante de estupro; probabilidade de má-formação fetal; ou para salvar a vida da mãe.

Em 1984, 33% das mulheres em idade adulta tinham ingressado na força de trabalho e aproximadamente 46% das matrículas em universidades espanholas eram de mulheres. Essa emancipação aparentemente indolor das mulheres se deve ao fato de que, para os homens, pouco mudou. Ainda se espera que as mulheres administrem a casa e cuidem dos filhos sem muita ajuda do parceiro. Desde 1970, o tamanho da família de modo geral diminuiu de 3,8 pessoas para 1,36, o menor índice do mundo depois da Itália (2,1 é considerado o número necessário para a renovação da população), e o número de crianças nascidas fora do casamento é muito reduzido. A Espanha atualmente detém a menor taxa de casamentos da União Europeia. Muitos acham que a culpa disso é uma sociedade mais materialista, mas esse fato também é resultante de as mulheres terem de equilibrar a carga de trabalho e as tarefas domésticas.

Entretanto, em um aspecto as mulheres espanholas sempre foram livres: quanto a seu nome. Todos os espanhóis têm dois sobrenomes (por parte do pai e da mãe). Portanto, quando, por exemplo, Pilar Pujol Fernández se casa com Jaime Iglesias González, oficialmente, ela não muda seu nome, embora possa ser conhecida como "sra. González". Nos documentos legais, ela assinará o nome de solteira. O filho deles, Pepe, ficará com o primeiro sobrenome do pai e o primeiro da mãe, chamando-se Pepe Iglesias Pujol.

As crianças são parte integral da sociedade. Elas são exibidas com orgulho em todas as horas do dia e da noite e, particularmente, durante as férias. Todas as pessoas têm tempo para elas, que recebem carinho de todos. Há pouca ênfase na disciplina. Elas são primeiro amadas e depois corrigidas. Essa educação positiva as transforma em adultos autoconfiantes. Por outro lado, elas consideram toda essa atenção natural e são habituadas a ter as coisas feitas exclusivamente para elas. Os jovens geralmente moram na casa da família até se casar, e, embora a razão alegada para isso seja o preço das moradias, provavelmente é também porque eles não querem ter o ônus de prover a própria subsistência. De modo geral, não se espera que eles ajudem nas tarefas domésticas ou contribuam financeiramente com as despesas da família, mesmo se estiverem ganhando um bom salário. Os pais ficam felizes de mantê-los por perto e não querem cortar os laços familiares.

Há algum tempo era costume que os jovens estudassem em universidades próximas, ao passo que agora podem fazê-lo em qualquer instituição que os aceite. Há disponibilidade de maior número de bolsas de estudos para ajudá-los financeiramente, mas resta esperar para ver se eles vão aceitá-las e, assim, morar longe da família.

Os antigos valores estão sendo questionados: as garotas têm mais opções quando se formam no ensino médio, é menor o número de pessoas que se casam e agora também elas podem se divorciar. As pessoas estão começando a aceitar a necessidade de ter casas para o tratamento de idosos ou doentes, mas ainda encontram dificuldade em aceitar a ajuda de estranhos. O papel da família espanhola continuará se adaptando às novas circunstâncias.

AMIGOS E CONHECIDOS

A Espanha é um dos países europeus mais acolhedores. Você será bem recebido em todas as partes e convidado para participar das atividades do dia a dia. No entanto, seus novos amigos espanhóis provavelmente vão estender essa acolhida a todos os recém-chegados, e isso geralmente não vai levar a nada mais do que um relacionamento superficial. Os espanhóis têm muitos conhecidos, mas poucos amigos; aceite esse fato e se divirta assim mesmo.

Os espanhóis adoram conversar, e você jamais deve perder uma chance de dialogar com eles. Geralmente são pouco inibidos e não escondem seus sentimentos. É comum dependerem dos familiares para apoio emocional, portanto, fora do âmbito doméstico, é raro que alguém fale de problemas. Todavia, se você se torna realmente amigo dos espanhóis, será considerado um membro da família. *Mi casa es tu casa* ("Minha casa é a sua casa") indica justamente isso.

> ### *Você não pode ficar sozinha!*
> Sara foi ao casamento de sua amiga num vilarejo próximo a Sevilha. O evento era no início da Semana Santa, época de grandes festividades na região. Durante o almoço, lhe perguntaram onde ela passaria o feriado. Quando ela respondeu que passaria sozinha em seu apartamento, as pessoas ficaram espantadas, e Sara acabou ficando a semana inteira na casa de uma das convidadas que acabara de conhecer. Eles a levaram a todos os eventos da cidade, e ela ainda se tornou membro honorário de uma das "irmandades" da região (veja, no capítulo 3, Páscoa).

ORGULHO, HONRA E MACHISMO

Os espanhóis sentem orgulho da região em que nasceram e, em geral, de seu estilo de vida, mas também apontam o lado negativo das coisas. *Não* se junte a eles. Eles não estão estimulando você a emitir comentários, e qualquer atitude negativa de sua parte nesse sentido será entendida como algo pessoal.

O orgulho e a honra da família são muito importantes, e uma esposa infiel ou uma filha solteira grávida enchem toda a família de vergonha. O machismo ainda é pronunciado. Antigamente, o homem era o provedor da casa e o "rei de seu castelo". Ele passava a maior parte do tempo fora de casa, com os amigos — e, nos bares, ainda podemos encontrar vários grupos de homens antes e depois das refeições, enquanto as mulheres estão em casa. O homem não esperava ser questionado sobre suas decisões. O lugar da mulher era dentro de casa. A esposa lidava com as tarefas domésticas, e o marido não ajudava nem interferia nesses afazeres. No entanto, o papel das mulheres na sociedade está mudando, assim como as atitudes dos homens.

VENCENDO O SISTEMA

O romance picaresco surgiu no século XVII. Em linhas gerais, descrevia um anti-herói (*el pícaro*) que tentava vencer o sistema de todos os modos que pudesse. Os espanhóis se identificam com esse gênero literário. A diferença entre ricos e pobres tem sido mantida pelos governantes, portanto os espanhóis enxergam o governo e o serviço público como inimigos. Cerca de quarenta anos subjugados por uma ditadura provavelmente não ajudaram muito. Os impostos são arrecadados para o benefício não do país, mas do governo, e supostamente encherão os bolsos de algumas pessoas. Há vários provérbios espanhóis que abordam essa ideia, como *Quien hizo la ley, hizo la trampa* ("Quem fez a lei fez a brecha"). Tem havido inúmeros casos de políticos corruptos que utilizaram indevidamente sua posição pública. É algo praticamente esperado. Assim, o cidadão viola as leis e tenta a sorte. O único crime é ser descoberto.

O serviço público espanhol é um monstro antiquado e de difícil manejo. As agências do governo abrem só pela manhã e nem sempre em todos os dias úteis. Apesar das longas filas, os funcionários não se privam de seu demorado café. Você poderá ser encaminhado de uma agência a outra, informado para que traga quatro fotocópias hoje e cinco amanhã. No entanto, essa situação tem melhorado desde a entrada do país na Comunidade Europeia.

Estudando a papelada

Dois estudantes chegaram a Madri num fim de semana, após obter uma bolsa para estudar na Espanha. Foram instruídos a se dirigir a uma agência específica para receber o dinheiro referente à bolsa de estudos. Eles se encaminharam à agência na manhã de segunda-feira e, após uma longa espera, ficaram sabendo que deveriam coletar vários documentos em uma segunda agência. Essa outra repartição abria apenas nas manhãs de segunda e quarta-feira. Quando os rapazes chegaram lá, encontraram a repartição fechada e tiveram de prolongar a estada em Madri por mais dois dias apenas para arrumar alguns documentos carimbados.

O gestor administrativo

Se você tiver de lidar com a burocracia oficial, leve sempre uma porção de fotocópias, sua carteira de identidade (ou passaporte) com foto e um livro grande, para que possa fazer algo enquanto espera nas intermináveis filas. Você receberá um tratamento melhor se conseguir falar a língua ou tiver um intérprete.

O ideal, nessas situações, é deixar esses problemas nas mãos de um *gestor administrativo* — um profissional treinado para orientá-lo sobre os documentos necessários para qualquer procedimento junto ao governo (uma espécie de despachante). Seu trabalho consiste em lidar com toda essa burocracia. Por exemplo, para obter a renovação da carteira de motorista, é preciso ir a diversas repartições, esperar na fila em cada uma delas e perder pelo menos uma manhã inteira. A maioria das pessoas passa a documentação necessária para o gestor, que presta esse serviço mediante o recebimento de um honorário.

EGOCENTRISMO

Os espanhóis apresentam pouco espírito cívico ou público. Exemplos disso são a grande quantidade de lixo jogado nas ruas e o baixo número de pessoas que doam sangue. Eles também não gostam de participar de organizações (a menos que sejam esportivas). Farão o que for necessário para favorecer a si próprios ou a sua família, mas pouco ou nada para beneficiar a comunidade local.

Em geral, eles desconfiam das pessoas e esperam que elas tenham uma motivação oculta de ganho pessoal. Ian Gibson, que vive na Espanha desde 1978, acrescenta em seu livro *Fire in the Blood*: "Protestos de qualquer espécie eram inúteis e arriscados na Espanha franquista, e a consequência é que, ainda hoje, os espanhóis não são tão ativos como deveriam ser contra o oficialismo mesquinho". Por causa disso, são fatalistas e não costumam questionar as coisas. Geralmente não embarcam em ações que visem ao bem comum. Entretanto, está ocorrendo o despertar de uma consciência pública. Por exemplo, houve marchas apinhadas de pessoas por toda a Espanha contra o ETA (a organização terrorista basca), e a população, expressamente e em grande número, saiu em passeatas em 2003 contra a Guerra do Iraque.

O trabalho é visto de forma semelhante: ele é um mal necessário. Os espanhóis não são preguiçosos, mas simplesmente não conseguem enxergar o que poderiam ganhar sendo pontuais, trabalhando até mais tarde ou fazendo mais do que são efetivamente pagos para fazer. Em uma cultura que valoriza tanto o indivíduo, o trabalho fica numa posição inferior na lista de prioridades. No entanto, eles são capazes de trabalhar com afinco, como fica evidente quando se mudam para outras regiões do país ou para o estrangeiro.

TOLERÂNCIA E PRECONCEITO

Os espanhóis se consideram especialmente tolerantes. Amigos podem expressar opiniões políticas totalmente diferentes, em acaloradas discussões, sem que isso afete a amizade. Após a morte do general Franco, a transição para o pluralismo político se deu sem muita violência ou revanchismo. Os espanhóis aparentemente enterraram o passado para o bem do presente e do futuro, mas talvez seja porque ainda há muitas feridas abertas. (Recentemente, tem havido mais apelos para se investigar casos particulares de excessos na Guerra Civil e no período da ditadura.)

Com o relaxamento da censura em revistas e filmes respectivamente em 1976 e 1978, floresceu todo um mercado pornográfico. Num país em que a *Playboy* fora banida até 1976, essa e outras revistas adultas estrangeiras logo foram consideradas mornas e superadas em vendas por publicações espanholas. Nas metrópoles do país, filmes de sexo sem censura são exibidos em salas de cinema licenciadas pelo governo, e prostitutas e bordéis anunciam livremente seus serviços, inclusive nos jornais e revistas mais sérios.

Na televisão, muitas propagandas têm apelo ostensivamente sexual, e os filmes não são editados nem mesmo para exibição durante o dia. Também se tolera alto nível de violência. O noticiário televisivo faz coberturas explícitas de mortes e ferimentos a qualquer hora do dia. Em um país em que tantas coisas eram proibidas, agora parece que tudo é válido.

Os espanhóis de modo geral são gentis e educados com os estrangeiros, mas talvez isso se dê em virtude de esses últimos normalmente serem turistas europeus que chegam para gastar no país. Pessoas de outras raças não são tão facilmente aceitas. Há também discriminação e preconceito muito fortes contra os ciganos, geralmente considerados infratores das leis. Embora muitos tenham se tornado parte da sociedade espanhola, outros continuam em seu modo tradicional de vida nômade. Em determinada época, eles se concentravam mais ao sul da Espanha, nas localidades em que a dança e a música flamencas trazidas por eles criaram raízes. Ainda hoje existem grandes comunidades de ciganos em Madri e em Barcelona.

RELIGIÃO

O catolicismo foi a religião oficial desde a Guerra Civil até a Constituição de 1978. Atualmente, a Espanha não tem uma religião oficial, mas a Igreja Católica Apostólica Romana continua recebendo apoio financeiro do governo. A ampla maioria da população é de católicos, ainda que, na década de 1980, somente cerca de 25% dos espanhóis costumassem frequentar a igreja aos domingos. Para o restante das pessoas, a religião desempenha um papel limitado, a não ser em ocasiões formais, como a celebração de um batismo, de um casamento (geralmente para agradar aos parentes mais velhos) ou de uma missa de sétimo dia. Apesar disso, quase todos os costumes e tradições do país têm raízes religiosas.

Aqueles que seguem outras religiões de expressão são cristãos pertencentes a doutrinas diversas da católica, muçulmanos (cuja população cresce rapidamente, à medida que aumenta o número de imigrantes) e alguns judeus.

VIVENDO O MOMENTO

Os espanhóis são tão abertos e confiantes, com gosto pela vida e pelo momento presente, que chegam a contagiar. Se eles o convidarem para ir a algum lugar, é porque realmente desejam que você vá. Eles não querem que você vá para casa enquanto todos estão se divertindo. Quem se importa com o dia de amanhã? O agora é que é importante. Enquanto houver bons momentos para desfrutar, ninguém vai embora. A noite se estende até a manhã seguinte, e você ainda vai tomar o café da manhã antes de voltar para casa! É preciso energia, especialmente na época das *fiestas* (festas). As pessoas ficam acordadas durante toda a madrugada, bebendo e dançando, depois tomam um banho e vão para o trabalho. Se tiverem tempo, aproveitam para fazer uma breve *siesta* (sesta) para se preparar para a noite seguinte. Na Andaluzia, você jamais toma uma "saideira". Ao contrário, algum amigo vai sugerir *la penúltima*, pois ninguém jamais se refere ao fim da noite.

Essa exuberância toda resulta num bocado de barulho. Em 1990, constatou-se que 44% das ruas madrilenas emitiam ruído acima do índice considerado tolerável pela Organização Mundial da Saúde (OMS). Já se tem o ronco habitual das pequenas motocicletas, e as buzinas dos carros são acionadas o tempo todo. Nos bares, é comum ouvirmos o barulho alto das conversas, entremeadas com o som dos caça-níqueis e a onipresente televisão de canto.

Os espanhóis têm a tendência de gritar. Todas as pessoas querem que suas opiniões sejam ouvidas, e a língua espanhola é relativamente estridente. Na obra *The Spanish Temper*, Victor Pritchett comenta que "o castelhano é acima de tudo uma língua que sugere masculinidade, ou pelo menos mais apropriada para a voz masculina do que para a feminina, a qual, na Espanha, choca as pessoas pela falta de melodia".

Se você deseja testar seu espanhol, não fale baixo, ou correrá o risco de nem ser ouvido. Quando o papa João Paulo II visitou a Espanha, em 1983, teve de dizer *El papa también quiere hablar* ("O papa também quer falar"), para tentar silenciar a imensa multidão que se aglomerava para vê-lo. Os espanhóis não parecem capazes de parar de falar por muito tempo. Tem-se a impressão de que eles falam qualquer coisa que lhes passe pela cabeça. A calmaria não reina no país, e os espanhóis se sentem incomodados com o silêncio.

> ***Eles não conseguem ficar calados!***
> No teatro certa noite, um visitante da Andaluzia não aguentou o suspense e soltou um grito de urgência para avisar um dos atores no palco de que ele estava sendo perseguido!

BOAS MANEIRAS

Os espanhóis podem ser bastante formais até o instante em que sejam apresentados. Depois disso, as normas ficam mais descontraídas. Assim que eles o considerarem um amigo, você será tratado de modo afetuoso e familiar, e não serão mais necessárias fórmulas de polidez.

Como acontece habitualmente em outros países, você vai constatar que as maneiras das gerações mais antigas são geralmente mais formais, devendo-se manter certa distância. Quando em dúvida, opte pelos bons modos.

As mulheres se cumprimentam entre si e aos homens com um beijo em ambas as faces. Os homens apertam as mãos e abraçam os amigos íntimos, com ruidosas palmadas nas costas. De modo geral, os espanhóis são muito influenciados pelo tato. Eles frequentemente tocam o braço do interlocutor para enfatizar um ponto ou uma piada.

Às vezes, no entanto, podem parecer mal--educados ou até grosseiros na visão dos estrangeiros. As palavras "por favor" e "obrigado", habituais entre pessoas de muitos países, são consideradas desnecessárias e excessivas entre familiares, amigos íntimos e no contato diário em lojas ou restaurantes. Por exemplo, *Dáme un café* ("Me dê um café") não é considerada uma expressão indelicada. A função do atendente é servir o cliente, e não são necessárias gentilezas.

Os espanhóis podem ser muito diretos quando o conhecem melhor. Se você não estiver com uma boa aparência no dia, eles lhe dirão a verdade. Eles falam o que pensam, e a diplomacia não entra nessa equação.

Entretanto, essa objetividade tem um lado mais charmoso. Os espanhóis são mestres nos *piropos* (elogios) — aos amigos e aos transeuntes. Na feira, os vendedores se dirigem às mulheres com termos como *princesa* ou *reina* ("rainha"), e, nas ruas, os homens não são tímidos ao mostrar quanto apreciam as formas femininas. Ouve-se com frequência um animado ¡*Hola, guapa!* ("Oi, linda!"). Tente não se aborrecer; se você ignorar o comentário, a coisa não vai passar daí. Melhor ainda, aceite o elogio com um sorriso e siga seu caminho.

Capítulo **Três**

COSTUMES E TRADIÇÕES

A Espanha está mergulhada em costumes e tradições que têm sido orgulhosamente mantidos para enfatizar as diferenças e preservar a identidade regional. O ano é pontuado por muitas *fiestas* pelo país, e o entusiasmo vibrante dos participantes torna cada feriado uma experiência inesquecível. A maioria deles tem origem religiosa (a Semana Santa, as romarias e os vários dias santos), embora os aspectos sociais predominem na maior parte dos casos. Outros se baseiam em eventos históricos ou têm suas origens envoltas nos mistérios do tempo. Nas páginas que se seguem, descreveremos os feriados mais importantes.

A palavra *fiestas* pode ser traduzida como "festivais", "feriados públicos" ou simplesmente "festas". Os espanhóis são mestres na arte de celebrar. Cada cidade tem seu próprio festival, vinculado normalmente ao santo padroeiro e com duração média de uma semana. Algumas dessas *fiestas* são famosas internacionalmente, como a Semana Santa na Andaluzia ou *Sanfermines*, em Pamplona, festival

que homenageia são Firmino e que é famoso pela soltura de touros nas ruas.

FERIADOS NACIONAIS

Vinte anos atrás, parecia haver na Espanha um feriado após o outro, mas agora há mais regulação sobre essas festividades, e alguns dias religiosos não são mais comemorados no país. Os feriados podem ser divididos em quatro categorias: feriados nacionais aplicáveis a todas as regiões; feriados nacionais que podem ser substituídos nas comunidades autônomas (regiões políticas); feriados regionais das comunidades autônomas; e feriados das capitais das comunidades autônomas.

FERIADOS NACIONAIS	
1º de janeiro	Ano-Novo
6 de janeiro	Dia de Reis
19 de março	Dia de São José*
1º de maio	Dia do Trabalho
25 de julho	Dia de Santiago Apóstolo*
15 de agosto	Festa da Assunção de Nossa Senhora
12 de outubro	Dia Nacional da Espanha
1º de novembro	Dia de Todos os Santos
6 de dezembro	Dia da Constituição
8 de dezembro	Dia da Imaculada Conceição
25 de dezembro	Natal

O quadro acima exibe os feriados nacionais. Aqueles marcados com um asterisco podem ser substituídos, nas comunidades autônomas, por outra data. Cada região tem seu próprio santo padroeiro, e normalmente se escolhe o dia desse santo.

Se um feriado cai na terça ou na quinta-feira, em geral as pessoas folgam, de maneira extraoficial, também na segunda ou na sexta-feira. Essa prática é conhecida como *puente* (ponte), sendo especialmente realizada entre os dias 6 e 8 de dezembro. Os feriados que caem nos fins de semana não são modificados. Normalmente as pessoas tiram férias anuais em agosto, e muitas empresas fecham nesse período.

CALENDÁRIO DE FESTIVIDADES

Algumas das *fiestas* são apenas para as pessoas descansarem, tirando um dia de folga no trabalho, enquanto outras podem servir de pretexto para uma semana de farras — dia e noite. Veja a seguir uma breve descrição das mais conhecidas.

Natal (*Navidad*)

A véspera de Natal também é conhecida por *Nochebuena* (Noite Boa). A *Misa del Gallo* (Missa do Galo) fica lotada, embora muita gente não seja frequentadora assídua de igrejas. Costuma-se ter uma ceia bastante farta, com a presença de muitos familiares, e um almoço de longa duração no dia seguinte. Os pratos predominantes são pescados e frutos do mar. Tortas ou bolos de amêndoas e nozes também são iguarias típicas. É comum as famílias montarem um pequeno presépio, com um berço (*belén*) e uma paisagem circundante retratando a família sagrada, os pastores e os reis magos. (Na Catalunha, há também a presença do *caganer*, uma estatueta catalã tradicional colocada agachada no canto da manjedoura, com as calças abaixadas até os tornozelos — uma mistura do sagrado com o profano.)

Até recentemente não se trocavam presentes antes da chegada dos três *reyes magos* (reis magos), em 6 de janeiro, mas a maioria das crianças agora já ouviu falar do Papai Noel e também recebe presentes em 25 de dezembro, *el día de Navidad*.

El Tió

Na Catalunha, as crianças recebem presentes no dia 24 de dezembro de *el tió* — uma tora de madeira. Os pequenos decoram a tora, deixam a sala, fazem uma oração e cantam uma música em homenagem a *el tió*. Em seguida voltam, batem na tora com uma varinha e encontram os presentes debaixo de um pano. *El tió* presumivelmente defeca os presentes. A primeira vez que um grupo de crianças explicou essa tradição para mim, passei a elas lição de casa extra como castigo pela falta de educação em sala de aula! Depois pedi desculpas.

A noite mágica, no entanto, ainda é a de 5 de janeiro. As cidades promovem desfiles para celebrar a chegada dos reis magos, que vêm montados em cavalos ou camelos, cercados de pajens, jogando doces a todas as crianças amontoadas nas ruas para ver sua passagem. Nessa noite, antes de dormir, as crianças deixam bebida e comida para os reis e seus camelos e, na manhã seguinte, encontram seus presentes.

A véspera de Ano-Novo (*Nochevieja*, Noite Velha) envolve outro grande jantar para a família ou os amigos. À meia-noite, as doze badaladas são transmitidas a toda a Espanha da Puerta del Sol, praça central de Madri que serve de referência para a medição de todas as distâncias no país. As pessoas comem doze uvas, uma para cada badalada, para ter sorte nos meses subsequentes. O segredo é não mastigar, ou você ficará com a boca cheia de uvas. Apenas engula e parta para a próxima! As pessoas dão boas-vindas ao Ano-Novo brindando com *cava*, o vinho espumante da Catalunha. Após a ceia, os jovens normalmente saem para se divertir e provavelmente só voltem na manhã seguinte.

Dia de São José (*San José*)

O Dia de São José, 19 de março, antigamente era feriado nacional na Espanha. Hoje, a maioria das regiões o substituiu. Em Valência, no entanto, esse dia ainda é importante, e, nas semanas que antecedem o festival, as *fallas* começam a aparecer nas ruas. São figuras gigantescas feitas de papel--machê, que representam personalidades locais, nacionais e internacionais, as quais as pessoas preparam desde o ano anterior. No dia da festa, o júri decide qual é a melhor, e as demais são queimadas. As festividades começam com o espoucar de centenas de fogos, que sacodem os muros e deixam um cheiro de pólvora no ar. Quando os fogos iluminam os céus, o festival já está em pleno andamento.

Carnaval

Essa é a última folia antes da penitência e da sobriedade da Quaresma — os quarenta dias de jejum e privação anteriores à Páscoa. No Carnaval, tudo é permitido. Durante a Guerra Civil, o general Franco o aboliu nas áreas rebeldes conquistadas, pois os participantes mascarados não podiam ser reconhecidos. Após esse período, ainda havia muita oposição a ele, e Franco o proibiu novamente em 1937. Desde 1975, no entanto, o Carnaval está de volta, embora não seja uma grande celebração em todas as regiões. Há procissões no fim de semana anterior ou posterior à Terça-Feira Gorda. As cidades maiores promovem festividades que duram a semana toda. Nas ilhas Canárias, o Carnaval é celebrado com todo o glamour e os trajes diminutos do Rio de Janeiro.

A cidade de Cádis, na Andaluzia, tem um Carnaval muito especial. Um dos principais portos espanhóis durante o século XVI, Cádis copiou o Carnaval de Veneza, cidade com a qual tinha fortes laços comerciais, e desde então se tornou a região carnavalesca mais agitada e deslumbrante da Espanha, famosa pelas fantasias criativas e engraçadas e pelos grupos de música satírica. Em Cádis, o Carnaval jamais foi proibido.

Páscoa

As comemorações da Páscoa começam durante a Semana Santa, ou seja, na semana anterior. As mais famosas ocorrem na Andaluzia, embora muitas cidades espalhadas pela Espanha tenham procissões religiosas nessa época. As procissões de Castela, assim como as de Valladolid e Zamora, são muito mais austeras do que as realizadas em Sevilha ou Málaga, na Andaluzia, em que há várias procissões no mesmo dia, numa competição acirrada quanto ao luxo e ao esplendor.

As paradas partem de diferentes igrejas e rumam lentamente pelas ruas, com estátuas em tamanho natural de Cristo na cruz e da Virgem Maria em luto. Os *pasos* (enormes imagens representando cenas dos últimos dias de Jesus) são carregados por pessoas ou puxados sobre rodas por membros das *hermandads* ou *cofradías* (irmandades religiosas que representam associações comerciais ou outros grupos).

Os participantes passam o ano inteiro preparando a decoração e os sofisticados trajes. Os fiéis usam vestimentas que lembram as da Ku Klux Klan, com capuzes altos e vendas parciais nos olhos. Na Andaluzia, pessoas nas varandas cantam *saetas* (músicas flamencas tristes) para as estátuas. Toda essa atmosfera pode emocionar, embora, como tudo o que acontece na região, haja também muito barulho e festividades ao redor.

Há ainda a tradição das peças da Paixão de Cristo, encenadas pelos moradores locais em diversas cidades desde a Idade Média, as quais retratam os eventos que levaram à crucificação de Jesus.

Dia de São Jorge (*Sant Jordi*)

O Dia de São Jorge (23 de abril) é comemorado na Catalunha, da qual ele é o santo padroeiro. Trata-se da versão catalã do Dia de São Valentim (Dia dos Namorados em diversos países). As mulheres recebem flores, e os homens, livros. As rosas representam aquela que cresceu do sangue do dragão morto por são Jorge, e os livros representam o aniversário da morte de Cervantes, que cai nesse dia. Essa é uma tradição mais recente.

Corpus Christi

Essa festividade, que celebra a presença real de Cristo na Eucaristia, cai na primeira quinta-feira após o Domingo da Santíssima Trindade. Em algumas cidades, a data é celebrada com bastante entusiasmo, normalmente com muitas flores. Na bela cidade andaluz de Córdoba, as casas são construídas com base na tradição moura — pouco adornadas por fora, mas os corredores internos se ligam a pátios cobertos de flores, e nesse dia esses espaços privados são abertos à população. Em Sitges, povoado ao sul de Barcelona, algumas ruas são cobertas de tapetes de flores, normalmente cravos, com padrões surpreendentemente bonitos.

Dia de São João (*San Juan*)

A véspera do Dia de São João (23 de junho) é uma noite mágica, associada a várias superstições. São acesas fogueiras, e a tradição em Málaga consiste em pulá-las para dar sorte quando já estão quase se apagando. Provavelmente a celebração mais famosa é a "passagem do fogo", em San Pedro Manrique, em Sória, em que os homens do povoado caminham descalços sobre um leito de brasas ardentes sem sofrer queimaduras. Em Ciutadella, na ilha de Menorca, ocorrem os *caracoleos*, com cavaleiros e disputas que remetem aos tempos medievais, o que empresta uma atmosfera espetacular às festividades.

Festas de São Firmino (*San Fermín* ou *Sanfermines*)

Essa é a famosa *fiesta* em que os touros são soltos nas ruas de Pamplona, em Navarra, no norte do país. O festival, que dura uma semana, começa oficialmente em 6 de julho, com a cerimônia conhecida como *el chupinazo*. O prefeito abre a festa, e há fogos de artifício, muita gritaria e incontáveis garrafas de *cava*. Os *encierros*, quando os touros são soltos para correr pelas ruas até a praça das touradas, ocorrem diariamente antes de cada tourada. Os touros se lançam furiosamente pelas ruas, e os habitantes locais correm na frente deles, de camisa branca e lenço vermelho. Muitos turistas também participam, e é normal ocorrerem acidentes. As festividades varam noite adentro.

PEREGRINAÇÕES E FEIRAS
El Rocío
A Andaluzia é famosa por suas peregrinações (*romerías*) a santuários populares, onde se realizam as *fiestas*. Talvez a mais espetacular seja aquela dedicada à Virgem do Rocio (*Virgen del Rocío*), usualmente chamada simplesmente de *Rocío*. Cerca de um milhão de pessoas, vindas de todas as regiões da Espanha, percorrem o longo trajeto para se reunir na pequena aldeia de El Rocío, nos campos pantanosos do delta do rio Guadalquivir, onde a estátua tem sido venerada desde 1280.

Os peregrinos chegam a cavalo ou em charretes cobertas e decoradas com temas vistosos, transformando o espaço numa festa barulhenta e colorida. O auge do festival é no fim de semana antes da segunda-feira de Pentecostes. Nas primeiras horas da manhã de segunda-feira, a Virgem é levada da igreja em direção aos fiéis, que se esticam desesperadamente para tocar a estátua. Esse fervor religioso é similar ao mostrado nos *pasos* durante a Semana Santa, sendo típico do temperamento andaluz.

O Caminho de Santiago
Essa é a peregrinação mais famosa internacionalmente desde a Idade Média. A lenda diz que o apóstolo Tiago foi enterrado no povoado de Santiago de Compostela, na Galícia, noroeste espanhol, e peregrinos de todas as partes da Europa viajam para visitar sua tumba, passando pelo Caminho de Santiago, que percorre o norte do

país. Ele é o santo padroeiro da Espanha desde a época da invasão moura. A peregrinação começou a perder popularidade no século XIV, e apenas em 1878, quando o papa Leão XIII corroborou a autenticidade dos restos mortais do apóstolo, é que houve o gradual ressurgimento das peregrinações.

A Compostela é um certificado oficial outorgado às pessoas que fazem a peregrinação por razões religiosas, mas o postulante deve exibir provas de que percorreu, a pé, de bicicleta ou no lombo de um cavalo, uma parte da Estrada dos Peregrinos — pelo menos 100 km a pé ou a cavalo, ou 200 km de bicicleta. Todavia, essa estrada atualmente passou a ser uma rota favorita para andarilhos desprovidos de qualquer propósito religioso.

A Feira de Sevilha
Esse evento acontece duas semanas depois da Semana Santa e é a primeira das *ferias* (feiras) celebradas por toda a Andaluzia no verão. A feira anual se originou na Idade Média, época em que

era o principal meio de intercâmbio de produtos entre os povoados.

Cada cidade e povoado da Andaluzia tem sua própria feira, e só uma pessoa com poderes sobre-humanos conseguiria ir a todas elas durante o verão. A maioria das outras regiões tem feiras semelhantes, geralmente em agosto. As atividades são variadas e ocorrem durante o dia e a noite. A "feira matutina" acontece nas ruas da própria cidade, que ficam obstruídas para a passagem de carros. O comércio fecha a semana toda. Montam-se mesas e cadeiras, os bares servem comida e bebida nas ruas e há apresentações musicais por toda parte. Pessoas de todas as idades cantam e dançam, e os visitantes são bem recebidos.

Durante a noite, a feira se transforma num *recinto ferial* (espécie de centro de exposições), geralmente situado na periferia das cidades. Monta-se também o tradicional parque de diversões, com carrinhos para crianças, e as *casetas* (pequenos estandes) representativas de associações, clubes e partidos políticos da região. Algumas delas proporcionam entretenimento, disponibilizando música, palco para dança e um bar. A noite toda é possível ouvir os sons das *sevillanas* (a dança típica) e ver moças dançando graciosamente com seus tradicionais vestidos longos, cheios de babados. A entrada em algumas dessas *casetas* só é permitida com convite, mas há sempre uma grande Caseta Municipal, montada pela prefeitura, que fica aberta ao público. As feiras costumam abrir na metade da semana e terminam na noite de domingo. Nas cidades maiores, começam à meia-noite do domingo com fogos de artifício. A segunda-feira após a feira geralmente também é feriado local, para que todos se recuperem das festividades.

Gigantões e cabeçudos
Nos desfiles pela cidade durante as festividades, há a exibição de gigantões e cabeçudos, tradição preservada desde a era medieval. Normalmente, os gigantões são figuras de reis e rainhas bem altos, feitos de papel-machê e unidos a uma estrutura transportada por um carregador, que fica oculto debaixo das vestimentas. Os cabeçudos usam cabeças enormes do mesmo tipo de material para se disfarçar. O desfile começa com uma banda, e os gigantões a seguem de modo comportado pelas ruas, enquanto os cabeçudos o fazem rodopiando ou correndo em direção às crianças. Ambos os grupos têm danças diferentes e uma música específica. Muitas cidades têm pelo menos um par de gigantões e vários cabeçudos.

Dragões, diabos e castelos
Os dragões, diabos e castelos (*dracs, diables i castells*) parecem personagens de um conto de fadas, mas são os principais ingredientes das festividades na Catalunha. O fogo (*foc*) é parte substancial de muitas tradições, e você deve tomar cuidado e manter uma boa distância do desfile. A corrida sobre o fogo (*correfoc*) é realizada no centro da cidade, ao cair da noite, com uma invasão de participantes fantasiados de diabo pelas ruas. Eles correm atrás de um dragão e, nesse percurso, carregam tochas e soltam bombinhas e faíscas luminosas. Também perseguem os espectadores, por isso todo mundo usa chapéu, lenço e roupas velhas. O dragão é feito de pessoas escondidas debaixo de um longo pano e solta fogo pelas ventas nos presentes (mais bombinhas!). O desfile geralmente é encerrado numa pequena praça, onde todos pulam de um lado para o outro ousando chegar o mais próximo possível do dragão. A mais alucinada dessas celebrações é o *patum*, que ocorre em Berga, nas montanhas ao norte de Barcelona.

Os castelos (*castells*), no entanto, não têm nenhuma relação com o fogo. Eles fazem parte do festival matutino e são "torres humanas". As pessoas se posicionam sobre os ombros dos companheiros e formam um castelo. Os grupos competem para formar diferentes variações. A pessoa do topo é sempre uma criança (chamada de *anxaneta*), que escala a torre humana, formada por quatro ou cinco pessoas, fica de pé com os braços estendidos no ar e depois desliza entre a formação quase que imediatamente. Elas são treinadas desde quando começam a andar e fazem todos esses movimentos de subida e descida pela torre com extrema facilidade.

Festa dos Mouros e Cristãos
A festa chamada de Mouros e Cristãos (*Moros y Cristianos*) acontece em diversas localidades para celebrar a batalha pela cidade entre esses dois lados. Após alguns dias de lutas encenadas, os cristãos vencem.

OUTROS COSTUMES

Os aniversários (*cumpleaños*) são um pouco diferentes na Espanha. As crianças ainda fazem festas com presentes e bolo, mas os adultos costumam servir bebida aos amigos em vez de recebê-los em casa. Assim, pense bem antes de convidar um grupo grande de pessoas para celebrar o seu aniversário com você! Seu bolso poderá ficar vazio antes que a noite termine.

As celebrações chamadas de *santos* são semelhantes aos aniversários, mas correspondem ao "dia do nome", quando você comemora o dia do santo em homenagem a quem você recebeu seu nome. Por exemplo, se você se chama José, seu dia de santo é 19 de março. Algumas pessoas festejam mais no dia do santo de seu nome do que no próprio aniversário, particularmente se o santo for bem conhecido.

A sexta-feira 13 não é um dia de azar na Espanha. O azar incide na terça-feira 13 (*martes trece*).

O 1º de abril no país não é o Dia da Mentira, que cai em 28 de dezembro, *el día de los inocentes* (o dia [do massacre] dos inocentes), quando as crianças pregam peças (*inocentadas*) umas nas outras.

Esses são apenas alguns dos muitos costumes e tradições na Espanha. Cada região tem suas próprias tradições, e é impossível listar todas neste livro. Muitas vezes, os melhores festivais são os menores, uma vez que os grandes geralmente ficam lotados de moradores e turistas. Se você puder ir a alguma festividade local e ter contato com os moradores de lá, será uma experiência marcante em sua vida.

FLAMENCO

A Espanha é conhecida mundialmente pela música e pela dança flamencas, que são um ingrediente importante de muitas festividades. Os ciganos (*gitanos*) são os mestres dessa arte, e presumidamente foram eles que a trouxeram para o país. No início, o flamenco era só vocal, acompanhado apenas pela batida das mãos (*toque de palmas*) rítmica. O violão foi introduzido depois. A primeira menção ao flamenco na literatura se deu em 1774. Entre 1765 e 1860, foram fundadas as primeiras escolas de flamenco, em Jerez de la Frontera, na província de Cádis, e no bairro de Triana, em Sevilha.

O *cante hondo*, canto flamenco de maior expressão e potência, foi desenvolvido durante a era dourada dessa arte, entre 1869 e 1910. A partir de 1915, foram organizados e exportados espetáculos de flamenco por todo o mundo. Houve uma queda de popularidade, mas em 1955 o flamenco ressurgiu com força. Dançarinos e solistas maravilhosos logo deixaram os pequenos clubes flamencos (*tablaos*) para se projetar nas grandes salas de teatro, assim como os violonistas, que também conquistaram maior reconhecimento.

TOURADAS

As touradas também fazem parte de muitas festividades. Elas começaram na Idade Média como diversão para a aristocracia, época em que eram realizadas sobre o lombo de cavalos. No século XVIII, com o empobrecimento da população, foi inventada uma versão em que o toureiro entrava na arena a pé. Francisco Romero, que estabeleceu as regras para o esporte em torno de 1700, é considerado o pai das touradas.

Segundo seus entusiastas, a *corrida* (tourada) é mais uma arte que um esporte, e a técnica também é muito importante. Ela não existiria sem o *toro bravo*, uma espécie de touro atualmente encontrado apenas na Espanha. Há uma ordem rigorosa nos procedimentos. As equipes dos três matadores são apresentadas ao público, e então a primeira toma seu lugar na arena. A *corrida* compreende três partes:

1. O matador exibe suas habilidades ao encarar o touro e se defender munido apenas de uma capa. Ele então recebe o apoio dos picadores, que entram na arena montados a cavalo e armados de lanças e espetam o touro.
2. Três ajudantes (*banderilleros*) espetam as bandarilhas (lanças curtas e enfeitadas) no dorso do animal.
3. O toureiro mostra sua *faena* (maestria) dominando o touro com sua capa vermelha. A tourada termina quando ele mata o touro com a espada.

Capítulo **Quatro**

FAZENDO AMIGOS

Como vimos, os espanhóis são famosos pela sociabilidade, amistosidade e hospitalidade. Grande parcela de seu tempo de lazer é gasta fora de casa. Em vez de convidarem as pessoas para irem a suas casas, eles se encontram em bares ou restaurantes em todas as horas do dia e da noite. O povo espanhol adora conversar, e eles começarão uma conversa com qualquer um. Quanto mais você se dirigir para o sul do país, mais acolhedores serão os moradores.

O clima inegavelmente influencia os hábitos dos espanhóis. No verão, o sol do meio-dia só é suportado por "cachorros loucos e ingleses". A maioria das pessoas descansa nessa hora, pois é à noite, quando a temperatura está mais agradável, que tudo acontece. Após o trabalho, os espanhóis geralmente vão primeiro a um bar para relaxar, e só depois se encaminham para casa ou até a um restaurante para jantar. Como algumas pessoas trabalham até as 20 horas, só vão comer lá pelas 22, e o jantar pode durar algumas horas. Em seguida, vão a outro local para tomar uns drinques, de modo que mesmo no meio da semana talvez só durmam depois das 2 horas da madrugada. Você precisa ser resistente para manter o ritmo, pois terá de acordar cedo na manhã seguinte. Os espanhóis dormem muito pouco. Aqueles que têm crianças pequenas naturalmente são mais caseiros e talvez não mantenham essas longas horas de atividades, mas ainda é forte, entre eles, a tendência de ficarem acordados até tarde da noite.

Então, como você se torna amigo de um espanhol? Se estiver na Espanha estudando ou a trabalho, comece com seus colegas de classe ou seus parceiros na empresa. Após a formalidade de uma primeira reunião de negócios, vocês logo estarão se tratando em termos amigáveis. Os espanhóis normalmente se socializam em grandes grupos de amigos ou familiares. Quando você se torna amigo de uma pessoa, esse é o primeiro passo para que o convidem a participar das atividades com todo o grupo. Logo você fará parte dele. No entanto, eles provavelmente não o convidarão para frequentar suas casas. O entretenimento, como vimos, geralmente acontece em restaurantes e bares. Se você for convidado para ir à casa de algum amigo espanhol, leve uma garrafa de vinho, uma caixa de bombons, flores ou doces.

Se você não conseguir encontrar um grupo de amigos através de seus contatos diretos, há outros modos de fazê-lo.

ESCOLAS DE IDIOMAS

Em um país onde as pessoas adoram conversar, é quase obrigatório aprender a língua nativa. Atualmente, aumentou o número de pessoas que falam inglês, mas em geral, na Espanha, eles não se saem muito bem com línguas estrangeiras, portanto é bom que você aprenda um pouco de espanhol. Para começar, seria aconselhável comprar um livro de expressões idiomáticas e um dicionário de bolso, mas, se você planeja ficar no país durante certo tempo ou visitá-lo com frequência, pense seriamente em fazer um curso básico de espanhol. Isso será muito produtivo. Ainda que você não consiga atingir um nível muito avançado no idioma, qualquer tentativa de falar espanhol será apreciada.

O Instituto Cervantes (www.cervantes.es) é o equivalente espanhol da Aliança Francesa, não apenas ensinando a língua, mas também disseminando a cultura espanhola. Afora suas instalações na Espanha, ele tem filiais em muitos outros países, e é o local ideal para fazer cursos e descobrir particularidades sobre o país antes de visitá-lo.

Quando você chega à Espanha, é possível escolher entre centenas de diferentes centros de línguas nas metrópoles e cidades. Você será avaliado e encaminhado ao nível apropriado. As aulas geralmente são de gramática e conversação em pequenos grupos (classes com quatro a dez alunos). Para dar o pontapé inicial no idioma, recomenda-se fazer um curso intensivo. Quatro horas diárias de aulas, durante um período mínimo de duas semanas, devem lhe dar certa confiança e um vocabulário básico.

Ocasionalmente há excursões e outras atividades complementares. Os alunos geralmente também dão dicas úteis de como conhecer os habitantes locais. Algumas escolas têm espanhóis que fazem cursos de outras línguas, e você poderá ver, no mural de avisos, anúncios de pessoas à procura de intercâmbio, caso em que você poderá ajudá-los informalmente com o português ou outra língua, enquanto eles poderão ajudá-lo a aperfeiçoar o espanhol.

Nas regiões em que são faladas outras línguas (País Basco, Catalunha e Galícia), ser capaz de exprimir algumas palavras na linguagem local também será apreciado, mas não é esperado que você aprenda essa língua, a menos que pretenda passar muito tempo na região. O espanhol é falado e entendido em toda parte, de modo que é sensato optar por ele como ponto de partida (veja o capítulo 9).

CLUBES DE ESTRANGEIROS

É sempre uma boa ideia se cadastrar na embaixada ou no consulado de seu país, que poderá lhe fornecer uma lista de clubes e associações fundados por pessoas de seu país de origem. Eles podem variar desde associações beneficentes, passando por clubes esportivos e até outros grupos. Mesmo que você tenha decidido evitar seus compatriotas para abraçar com tudo a cultura espanhola, esses contatos podem ser uma fonte útil de recomendações sobre diversos assuntos, de aulas de espanhol a médicos, dentistas e prestadores de serviços.

ESPORTES E OUTROS GRUPOS

Participar de atividades esportivas, passatempos e grupos de interesses comuns é uma boa maneira de conhecer pessoas — e também de praticar o idioma. Nos jornais locais, você encontrará anúncios dos mais variados tipos de cursos — culinária, dança, primeiros socorros etc. Mesmo se você ainda tiver dificuldade para se comunicar em espanhol, é mais fácil se sentir confiante e confortável com outras pessoas se estiver fazendo algo de que goste e sobre o que consiga discutir.

Clubes esportivos
Muitos esportes podem ser praticados no clima favorável e nas várias paisagens espanholas. Nas metrópoles, há acesso fácil a uma infinidade de academias de musculação, aulas de ginástica, quadras de tênis, além de outros espaços e instalações esportivas. Paga-se normalmente uma taxa de associação ou inscrição, além de mensalidade ou anuidade. No caso da natação, há piscinas públicas e clubes privados nas cidades, e, se você estiver interessado, poderá se inscrever para participar de competições na modalidade. Algumas academias ainda dispõem de piscinas, saunas e banheiras de hidromassagem. Há também muitos clubes de golfe, especialmente no sul do país. Os preços variam e nem todos são abertos ao público.

No inverno, é possível esquiar nas montanhas. Os agentes de viagens podem informá-lo sobre pacotes especiais com clubes de esqui em diferentes estações de inverno.

A VIZINHANÇA
Procure frequentar as mesmas lojas, bares e restaurantes de onde você estiver. As pessoas vão começar a conhecê-lo, e você vai conseguir praticar seu espanhol com elas. Os espanhóis têm o hábito de comprar pães todos os dias, e você logo vai se tornar quase um nativo se seguir o exemplo deles.

Todas as pessoas têm um bar preferido, onde desfrutam o desjejum, um cafezinho durante o dia e provavelmente uma *copita* (pequeno drinque) à noite, antes de voltarem para casa. Os atendentes desses estabelecimentos costumam bater papo com os clientes, então peça-lhes informações — apele para a paixão que eles têm pela região para descobrir as melhores atrações para ver, visitar e fazer compras. E esteja preparado para contribuir respondendo também às perguntas que eles fizerem sobre seu país e suas tradições.

PUBLICAÇÕES EM LÍNGUA INGLESA
Na Espanha, é possível comprar muitos jornais e revistas publicados em língua inglesa. Eis uma lista deles, de diferentes regiões:

Barcelona Metropolitan (mensal, Barcelona)
The Broadsheet (mensal, nacional)
Guidepost (semanal, Madri)
Majorca Daily Bulletin (diário, Maiorca)
Lookout (trimestral, Costa del Sol)
Island Connections (quinzenal, ilhas Canárias)
Sur in English (semanal, Málaga)

Capítulo **Cinco**

A CASA ESPANHOLA

Hoje, a maioria dos espanhóis vive em áreas urbanas, especialmente em Madri e nas cidades costeiras. Apenas 53% da população espanhola morava nas cidades em 1953, mas, em 1980, esse número já havia aumentado para 75%. Desde então, essa porcentagem tem variado muito pouco.

O LAR ESPANHOL

A maior parte dos espanhóis que vivem nas cidades e nas metrópoles mora em apartamentos (*pisos*). O apartamento pode ocupar uma área imensa em uma das ruas mais exclusivas do país, ou ser uma moradia modesta, de três quartos, num prédio de vários andares. Os edifícios mais antigos tradicionalmente tinham um zelador (*conserje*), que morava no andar térreo e supervisionava o funcionamento das coisas, mas atualmente há poucas dessas unidades disponíveis.

Em muitos dos povoados e vilarejos menores, as pessoas moravam em casas, mas agora estão na moda os sobrados geminados, até mesmo nos subúrbios. Normalmente são moradias pequenas, de três andares, com a área de convivência nos dois andares superiores e a garagem no térreo. Em muitos casos não há jardim.

Nas regiões rurais, as pessoas vivem em casas que variam enormemente de uma área para outra. Como material de construção, utilizam-se muito as pedras locais, e cada região tem seu estilo particular. Na Andaluzia, predominam casas brancas construídas ao redor de lindos pátios, refletindo a influência da arquitetura moura.

O número de habitantes que possuem uma segunda casa é o maior entre todos os países da União Europeia. Talvez isso ocorra porque muitas pessoas que deixaram seus povoados e vilarejos para trabalhar nas metrópoles não venderam suas casas originais. As estradas ficam cheias de habitantes das grandes cidades e metrópoles que se deslocam nos fins de semana para suas localidades de origem. Nas cercanias de Madri, você verá condomínios de apartamentos (*urbanizaciones*) com piscinas, quadras de tênis e todas as facilidades que proporcionam férias perfeitas mesmo em casa. Muitas famílias madrilenas passam as férias de verão nesses condomínios, enquanto o pai permanece na cidade trabalhando, juntando-se a elas nos fins de semana.

Na Espanha há muito poucas propriedades alugadas, se comparada a outros países europeus. Essa tendência se deve muito mais às políticas governamentais do que à escolha. Franco congelou os aluguéis em 1936 e autorizou que os locatários passassem o contrato de aluguel a qualquer parente que morasse com eles quando estes morressem. Foi só na década de 1980 que o governo alterou essa lei, permitindo aos proprietários elevar o valor dos aluguéis de acordo com os índices de inflação, mas alguns locatários ainda pagam um aluguel baixíssimo, mesmo em regiões bastante nobres. Como os proprietários não podem firmar um contrato atualizado com os moradores, eles têm muito receio de novos inquilinos e geralmente insistem para que se celebrem contratos de um ano. É difícil despejar um inquilino problemático e, dessa forma, embora um quarto da população possua uma segunda propriedade, há poucas unidades no mercado para alugar. O custo da moradia e a falta de propriedades para alugar são uma das razões pelas quais os espanhóis moram com os pais até comprarem o próprio apartamento — normalmente quando se casam.

Embora o governo tenha ajudado com empréstimos subsidiados para a compra de moradias com baixas taxas de juro, a maioria dessas unidades é, e sempre tem sido, para venda, não para aluguel. Os preços nunca são baixos, portanto a população mais pobre, que continua vivendo de aluguel, fica de fora desse mercado imobiliário.

A VIDA DOMÉSTICA

Em geral, as tarefas domésticas são de responsabilidade da dona de casa. Embora o marido seja nominalmente o chefe da família, a esposa é quem manda na casa. Até as mulheres que trabalham fora são donas de casa dedicadas, extremamente orgulhosas de seus afazeres, e, ainda que muitos condomínios residenciais possam parecer malconservados vistos de fora, certamente estarão brilhando por dentro. As filhas podem ajudar um pouco, mas os filhos normalmente não precisam fazer tais tarefas. Alguns homens efetivamente ajudam em casa, é certo, mas as mulheres ainda fazem a maior parte do serviço. Na Catalunha, o *fer dissabte* ("fazer o sábado") se refere à faxina feita na casa aos sábados, quando há mais tempo para isso.

Em todas as regiões espanholas, as pessoas seguem uma dieta mediterrânea. Considerada pelos especialistas uma das dietas mais saudáveis do mundo, ela inclui muitas frutas, legumes, pescados, carne e, naturalmente, azeite. Pode diferir de uma localidade a outra, dependendo dos alimentos disponíveis na região. As pessoas consomem produtos frescos sempre que possível, e consideram alimentos pré-preparados uma comida inferior. Nos condomínios residenciais espanhóis, o cheiro da comida invade o ambiente desde as primeiras horas da manhã, em virtude dos complexos pratos preparados.

Tradicionalmente, a esposa ficava em torno da mesa, abrindo espaço para trocar os pratos e comendo quando possível. No entanto, com o aumento do número de mulheres que trabalham fora e a presença reduzida das mães que vivem perto para ajudar, isso está mudando. As pessoas ainda cozinham e, se necessário, começam a preparação na noite anterior, finalizando-a no dia seguinte. Mas, como isso dá muito trabalho, a maioria dessas novas trabalhadoras vem reduzindo as fases de preparação das refeições e as horas passadas na cozinha.

COMPRAS DIÁRIAS

A maioria das lojas abre das 9 às 13 ou 14 horas, fecha para a *siesta* e reabre das 17 às 20 horas. Lojas de maior porte, especialmente nas metrópoles, costumam ficar abertas o dia todo. As de algumas cidades menores fecham às segundas-feiras ou funcionam apenas meio expediente aos sábados. Aquelas situadas em regiões turísticas podem ter horários diferentes, permanecendo abertas até bem tarde, quando as pessoas voltam das praias e saem para passear durante a noite.

As mulheres ainda fazem as compras diárias nas lojas locais. Até aquelas que trabalham fora geralmente compram pão ou carne no caminho de volta para casa. Elas têm a opção de fazer compras de mês nos supermercados, a fim de estocar alguns produtos básicos, mas ainda dispõem de um açougue e de uma padaria favoritos, assim como de uma banca preferida de frutas e legumes na feira local. Elas costumam pechinchar muito, dando trabalho aos vendedores. Os peixeiros espanhóis fazem todos os cortes e preparações,

restando à dona de casa apenas cozinhar os pescados, e os açougueiros cortam, limpam, fatiam e preparam as carnes conforme o pedido.

Todas as grandes cidades abrigam um mercado municipal, com grande variedade de produtos frescos. Normalmente também existem feiras ao ar livre em um dia da semana, com bancas que comercializam alimentos, bem como roupas e utensílios de cozinha. Os preços praticados nessas bancas geralmente não são menores que nas lojas locais, e provavelmente elas não são o local ideal para encontrar boas pechinchas. Às vezes, podem ser vistos ciganos barganhando, mas jamais por produtos alimentícios. Os preços são fixos.

Os espanhóis não costumam fazer fila, embora os atendentes dos estabelecimentos sempre pareçam saber quem é o próximo a ser atendido. Em alguns supermercados, foi implantado um sistema de senhas para o balcão de carnes — a pessoa apanha um tíquete com a senha e espera seu número ser chamado para ser atendida.

Em todas as cidades, a população tem acesso fácil a farmácias abertas 24 horas. Você vai precisar de receita prescrita por um médico e pode ser escoltado por um policial se sua compra for realizada num horário muito adiantado da noite (para prevenir que os medicamentos sejam roubados). Todas as farmácias exibem os endereços das farmácias de plantão.

Os bancos geralmente abrem pela manhã dos dias úteis até as 14 horas. Pode-se trocar dinheiro também nas agências de câmbio (*oficinas de cambio*) na maior parte das cidades litorâneas; é comum haver grande variação na cotação do câmbio.

VIDA ROTINEIRA

Apesar de ficarem acordados até altas horas da noite, a maioria dos espanhóis acorda cedo, entre 7 e 8 horas. O café da manhã em casa pode ser deixado para segundo plano, pois a maioria prefere comer um lanche ou um salgado mais tarde durante a manhã. Isso geralmente envolve uma ida ao bar local, onde os garçons ficam freneticamente ocupados por cerca de uma hora ou mais.

Às 13 horas, a maior parte das pessoas deixa o trabalho, e muitas passam rapidamente para beliscar *tapas* (petiscos) novamente no bar antes de ir para casa almoçar, lá pelas 14 horas. Tradicionalmente, após o almoço, tiram uma soneca — a famosa *siesta* —, mas, como a maioria das pessoas hoje em dia mora longe do trabalho, esse costume está diminuindo. Todavia, se conseguem almoçar em casa, o longo intervalo permite que façam a *siesta*. As principais notícias televisivas diárias são transmitidas nesse período, assim como os programas mais populares, incluindo novelas (*culebrones*) melodramáticas importadas da América do Sul. Operários das fábricas normalmente voltam ao trabalho em duas horas, mas funcionários de lojas e vários outros profissionais só retornam às 17 horas.

A maioria das empresas encerra o expediente às 20 horas. Mais uma vez, os bares ficam apinhados de pessoas sedentas por uma *cervezita* (cervejinha) antes de ir para casa. O jantar é servido após as 21 horas. Ele é mais leve que o almoço, e pode-se comer fora, num restaurante, ou em casa, com a família. As pessoas normalmente ficam acordadas até bem depois da meia-noite, e no verão você poderá vê-las sentadas na parte de fora das casas *tomando el fresco* (desfrutando a brisa fresca) e conversando sobre o noticiário local. Apesar de os espanhóis serem extremamente amistosos, não convidam prontamente as pessoas para frequentarem suas casas — a socialização é feita fora do lar. Até os adolescentes muito provavelmente se reunirão numa *plaza* (praça) em vez de no quarto de um deles.

EDUCAÇÃO

Para os espanhóis, a educação é muito importante, é um meio de as pessoas subirem na vida. Há uma clara percepção de que as crianças devem ser preparadas para fazer algo melhor do que um trabalho manual no futuro, e a grande maioria dos pais espanhóis quer que os filhos façam faculdade.

Pouco menos de metade das crianças espanholas frequenta escolas particulares. Atualmente, quase todas elas recebem subsídio do governo e vão desde estabelecimentos exclusivos de ensino bilíngue até escolas em que os professores são admitidos por ser parentes do diretor. As escolas públicas sofrem controle mais estrito do governo. Até pouco tempo atrás, havia dois tipos de escolas públicas: o BUP (*Bachillerato Unificado Polivalente*), que levava à universidade, e a FP (*Formación Profesional*), profissionalizante. Nos dias de hoje, o ensino é obrigatório até os 16 anos, e todas as crianças vão para o mesmo tipo de escola. Foram introduzidas novas disciplinas à grade curricular, na tentativa de acomodar as mudanças no pensamento tradicional (conservação do meio ambiente, estudos sobre a paz, igualdade sexual), as línguas são ensinadas mais cedo, desde os 7 ou 8 anos de idade, e a ênfase está na construção da autoconfiança, embora as provas finais tenham permanecido praticamente iguais.

As crianças normalmente vão para a escola aos 3 anos, embora o início compulsório seja aos 6. Elas passam bastante tempo nessas instituições. A escola primária começa às 9 e vai até as 13 horas. Elas assistem a mais aulas das 15 às 17 horas, e muitas ainda prosseguem em atividades extracurriculares.

Grande parte das famílias almoçam juntas, mas à noite, como as crianças menores já estão dormindo antes que o jantar seja servido, elas fazem uma refeição leve antes de ir para a cama (*la merienda*). O dia desses pequenos pode ser só um pouco mais curto que o dia escolar regular. As aulas da escola secundária começam às 8 horas, e, em um dia da semana, não há atividades na parte da tarde. A maioria dos adolescentes almoça e janta com os pais e também vai dormir tarde, após ter feito a lição de casa e outras atividades durante a noite.

Atualmente, há um número maior de bolsas concedidas a estudantes, embora um estudo conduzido pela Universidade de Barcelona tenha constatado que metade de seus alunos, além de estudar, precisa também trabalhar. No passado, muitos alunos estudavam no período matutino e trabalhavam à tarde, ou vice-versa. Não havia limite de tempo para a conclusão do curso, de modo que as pessoas permaneciam na faculdade pelo tempo que fosse necessário.

Antigamente, os alunos eram obrigados a frequentar a universidade local, mas agora podem escolher onde querem estudar. Ainda há escassez de vagas, pois hoje é maior o número de jovens mais bem instruídos que competem por elas. No entanto, esse fato tende a mudar no futuro, uma vez que, desde a década de 1970, a taxa de nascimentos na Espanha tem decrescido, de uma das mais altas da Europa para uma das mais baixas.

TELEVISÃO

No verão, os espanhóis passam bastante tempo em atividades ao ar livre, mas no inverno veem muita televisão — em média, passam mais de três horas por dia diante da tevê. Ainda que não haja ninguém assistindo, a televisão normalmente é deixada ligada. De manhã e na hora do almoço, são altos os índices de audiência das novelas (*culebrones*) importadas da América do Sul; os programas nacionais e de maior qualidade são exibidos normalmente durante a noite. Atualmente há uma faixa de séries espanholas que rivalizam com as congêneres importadas.

Aproximadamente 70% dos espanhóis formam suas visões políticas com base no que ouvem na televisão, de modo que *la caja tonta* (a caixa imbecil) é mais do que meramente uma forma de diversão.

A Espanha tem dois canais nacionais: TVE1 e TVE2. Algumas regiões autônomas também têm seus próprios canais, que variam em qualidade. Os dois canais da Catalunha são transmitidos em catalão, ao passo que, no País Basco, um é transmitido em basco e o outro em espanhol. Os canais privados foram introduzidos em 1989, e hoje há três deles: Antena 3, Tele 5 e Canal Plus (pago). A competição tem diminuído a receita publicitária da televisão pública, e, como resultado, o subsídio dado pelo governo teve de ser aumentado. A Televisión Española abarca não apenas o canal de tevê, mas também diversas estações de rádio, além do coro e da orquestra nacionais. Há também um bom acesso a canais de televisão via satélite.

A IMPRENSA

A vendagem de jornais na Espanha não é tão grande como em outros países europeus, mas esse parece ser um fenômeno típico das sociedades mediterrâneas, onde ainda reina a tradição oral.

A maioria dos bares oferece uma boa seleção de jornais a seus clientes, e seria difícil calcular o número de leitores de um único exemplar. Em geral, a Espanha tem jornais de boa qualidade e nada que se compare aos tabloides ou diários sensacionalistas de outros países. Os diários esportivos *As* e *Marca* são muito populares.

Há, no entanto, grande número de revistas que cobrem todos os assuntos de interesse. Um exemplo é a *¡Hola!*, lida avidamente na Espanha desde 1944 e especializada em fotos e entrevistas de celebridades. Em 1988, foi lançada uma versão inglesa, *Hello!*, que também se tornou extremamente popular. Durante a transição da ditadura do general Franco, o fim da censura gerou a publicação de um tipo totalmente diferente de revista, a *Interviú*, que "se propõe a fornecer aos leitores as duas coisas que lhes foram negadas durante a ditadura — cobertura política ilimitada e fotografias de mulheres nuas", como comenta John Hooper em seu livro *The New Spaniards*. A revista contém extensas entrevistas com políticos, intercaladas com fotos de apelo sexual. Para o leitor estrangeiro, algumas de suas matérias, com fotos brutais e explícitas de assassinatos e acidentes, podem chocar.

As bancas das principais ruas das cidades exibem uma gama enorme de jornais, revistas e publicações de todos os tipos. Pode ser que os espanhóis não comprem muitos jornais, mas isso não significa que eles não leiam muito.

Capítulo **Seis**

ENTRETENIMENTO

A capacidade de socialização dos espanhóis é lendária. O tempo livre é para passar com os amigos e os familiares, e a maioria das pessoas sai mais do que fica em casa. Como eles próprios dizem, *viven en la calle* ("vivem na rua"). Muitas das mulheres que trabalham fora dedicam as manhãs de sábado às tarefas domésticas, mas, em outros horários, saem para fazer compras, visitar familiares ou se ocupar de outros compromissos sociais. Várias pessoas que moram nas cidades têm uma segunda casa no litoral ou nas montanhas, onde podem desfrutar fins de semana ou férias. Nas noites de domingo, há congestionamentos na volta para as principais cidades.

O PRAZER DE IR ÀS COMPRAS

Como em muitos outros países, fazer compras na Espanha é um passatempo agradável, bem como uma necessidade. Nas grandes cidades, você encontrará uma variedade de butiques da moda e de lojas de departamentos — El Corte Inglés e até Marks & Spencer são bons exemplos. Esses estabelecimentos costumam ficar abertos durante o dia inteiro, normalmente até as 21 horas. As lojas abrem somente em três ou quatro domingos durante o ano, principalmente perto do Natal. No entanto, você pode fazer o que muitos espanhóis fazem: *mirar los escaparates* (olhar vitrines).

Os mercados são muito populares na Espanha, e na maioria das cidades há mercados ao ar livre e em espaços fechados. Nos fins de semana, você pode ir a mercados de pulgas, que vendem grande quantidade de peças de artesanato e quinquilharias de toda sorte. O mais famoso é o enorme *rastro* realizado nas manhãs de domingo no centro de Madri, que vale a visita. Há muitas bancas para visitar, e, à medida que você caminha pelas ruas, verá uma porção de bares abertos para degustar um café, um *brunch* ou mesmo o almoço.

COMER FORA

Um costume bastante comum na Espanha é ir a bares especializados para beliscar *tapas* antes das refeições principais. Esses petiscos geralmente são versões menores das refeições propriamente ditas e representam o modo ideal de saborear pratos não usuais. Há centenas de variações de *tapas*, mas algumas típicas são *champiñones al ajillo* (cogumelos com alho), *tortilla de patatas* (omelete espanhola), *pescadito frito* (pequenas postas de peixe frito) e *pulpo a la gallega* (polvo com molho de páprica). Os espanhóis costumam ir a diferentes bares, saboreando em cada um deles as *tapas* e bebendo um copo de vinho ou uma garrafa *long neck* de cerveja. Na Andaluzia, em especial, as pessoas geralmente ficam em pé nos bares e não permanecem muito tempo num único local.

Você talvez perceba que alguns dos melhores bares são um pouco sujos, com muitos papéis e cascas de nozes espalhados pelo chão. Não é falta de varrer — as pessoas simplesmente jogam seus guardanapos de papel no chão após comerem. Um bar com pisos relativamente sujos indica que ele tem uma grande clientela e, portanto, provavelmente será uma boa opção.

Nas regiões turísticas, os bares frequentemente oferecem cardápios com fotos dos pratos para evitar problemas de idioma. De modo geral, são oferecidos *platos combinados* (pratos feitos). Comer do lado de fora, na varanda (*terraza*), é agradável, mas vale lembrar que provavelmente o preço será um pouco mais caro por essa posição privilegiada.

Os espanhóis adoram comer. Eles almoçam tarde e não se apressam à mesa. Nas regiões turísticas, os restaurantes se preocupam com os turistas e abrem mais cedo, mas, em outras partes do país, não espere que as pessoas almocem antes das 14 horas e que o jantar seja servido antes das 21 ou 22 horas.

Todos os restaurantes costumam abrir tanto para o almoço como para o jantar e servem três pratos principais em ambas as refeições, embora as pessoas geralmente comam menos numa refeição do que na outra, exceto talvez nos fins de semana ou quando estão em férias.

Há todos os tipos de casas dedicadas a esse ramo, desde bares pequenos administrados por famílias a restaurantes enormes e caros, e você pode comer bem em qualquer uma dessas opções — a melhor comida não será necessariamente a dos estabelecimentos mais caros. Os espanhóis adoram sua cozinha tradicional e são bem informados sobre os pratos locais, tendo o costume de viajar à procura de pequenos restaurantes fora da rota comum em busca de iguarias regionais.

Nos restaurantes populares, garçons superatarefados se deslocam rapidamente entre as mesas, mas normalmente o tempo de espera não é muito longo. No almoço, é oferecido o *menú del día* (menu do dia), com uma seleção de pratos a preços modestos. Se você preferir o menu *à la carte*, mais caro, peça pela *carta*. De modo geral, a variedade de opções de comida é surpreendente.

GORJETAS

Os espanhóis raramente dão gorjetas. Alguns restaurantes mais caros podem acrescentar uma taxa de serviço de 10% a 15% da conta. Os restaurantes de menor porte e os bares não adotam essa prática. Se você achar que o serviço foi particularmente bom, é possível arredondar a conta ou deixar algumas moedas. Nas cidades maiores, no entanto, espera-se que os turistas deem gorjetas mais generosas que os moradores locais.

Para os prestadores de serviços, por exemplo, taxistas, cabeleireiros e barbeiros, as pessoas habitualmente dão algumas moedas de gorjeta.

Aos domingos, os *merenderos* (restaurantes de beira de estrada de qualidade razoável) normalmente ficam lotados, reunindo numerosas famílias. Os *chiringuitos* (a versão à beira-mar) são localizados bem perto das praias. Os bares que vendem comida ficam abertos desde as primeiras horas da manhã até altas horas da noite. Muitos pratos são relativamente elaborados e necessitam de preparo esmerado.

Normalmente não há prato de pão nem manteiga nas mesas, embora o pão seja sempre servido. Não há o costume de servir água, a menos que o cliente peça, e nesse caso será de garrafa. Beba-a com o copo próprio — maior que aquele para vinho.

BEBIDA E COMIDA

A culinária espanhola varia grandemente de região para região. As cozinhas basca e catalã são consideradas as mais elaboradas e prestigiosas. Imagina-se com frequência que a comida espanhola é bastante condimentada, mas essa visão está errada; em geral, o ingrediente mais picante é a páprica. A carne mais consumida é a de porco (*cerdo*), mas em grande parte do país o cordeiro (*cordero*) é saboreado em ocasiões especiais. Os espanhóis costumam consumir grandes quantidades de peixes (*pescados*) e frutos do mar (*mariscos*). As leguminosas, especialmente lentilhas (*lentejas*) e grãos-de-bico (*garbanzos*), também são parte importante da dieta.

Cada região tem sua especialidade. De modo geral, perto da costa litorânea, a especialidade são os peixes. Em Málaga predominam os peixes pequenos — *pescaditos*, *sardinas* e *boquerones* —, enquanto no norte do país, especialmente na Galícia e no País Basco, os frutos do mar são maravilhosos — alguns exemplos são o *pulpo a la gallega* (polvo), o *xangurro* (caranguejo basco) e o *bacalao al pil-pil* (bacalhau com alho frito e azeite). Em Valência é servida a *paella*, um dos pratos espanhóis mais famosos: arroz condimentado com açafrão, guarnecido de legumes e frutos do mar ou frango.

No interior, serve-se carne. Um cozido de carne tradicional é encontrado em Madri (*cocido madrileño*), na Catalunha (*escudella*) e na Andaluzia (*potaje*). A carne, os legumes e os vegetais são cozidos e servidos em três pratos separados: primeiramente o caldo, depois os legumes e finalmente a carne. Na região central da Espanha, as especialidades são o *cordero* (cordeiro), o *cochinillo* (leitão) e o *jamón* (presunto cru). Na Catalunha, ainda há uma maravilhosa variedade de frios e linguiças (*butifarras*), menos apimentadas que o *chorizo* (chouriço) da região sul. Há muitos outros pratos, incluindo, naturalmente, o *gazpacho*, a deliciosa sopa fria de tomate e alho típica da Andaluzia.

O alho e o azeite de oliva são ingredientes essenciais na cozinha espanhola, e, em qualquer bar ou restaurante aonde você for, verá peças de presunto cru penduradas no teto ou esperando para ser fatiadas. Esse *jamón serrano* é uma iguaria mais apreciada que o presunto comum (*jamón de York*).

BOAS MANEIRAS À MESA
As boas maneiras à mesa não são muito diferentes das praticadas em outros países ocidentais, mas vale a pena mencionar as seguintes:

- Mantenha as mãos à vista, acima da mesa. Não é considerado educado deixar uma das mãos sobre o colo enquanto se come.
- Não é considerado educado levar um alimento à boca e depois retirá-lo. Portanto, devem-se partir pedaços pequenos de pão em vez de dar mordidas nele.
- Podem-se comer camarões com as mãos.
- Os espanhóis seguram o garfo na mão esquerda e a faca na mão direita e não os trocam. Empurra-se a comida para o garfo com a faca.
- Quando terminar de comer, coloque a faca e o garfo lado a lado sobre o prato.
- As pessoas geralmente limpam a boca com o guardanapo antes de beber.
- Um brinde típico consiste em o anfitrião erguer sua taça de vinho e dizer ¡*Salud!* ("Saúde!").

Bebidas alcoólicas
O vinho espanhol mais famoso é certamente o xerez, natural de Jerez de la Frontera, na Andaluzia. O xerez é um vinho fortificado e classificado de acordo com o tipo — desde o claro e delicado *fino*, passando pelo *manzanilla*, *amontillado* e *oloroso*, até chegar ao escuro, encorpado e aromático *palo cortado*. Você verá os moradores da Andaluzia desfrutando seus revigorantes e refrescantes *finos* ou *manzanillas* na época das *fiestas*.

Os melhores vinhos tintos (*vino tinto*) são de Rioja, Ribero del Duero e Navarra, ao norte. Os vinhos brancos (*vino blanco*) de melhor qualidade são os de Rueda e Penedés, na Catalunha. À medida que você conhecer melhor a produção vinícola espanhola, vai descobrir uma gama de vinhos menos conhecidos, bem como os conhaques e os xerezes de Jerez, o *pacharán* do País Basco e a *cava* espumante da Catalunha. Há ainda a sidra das Astúrias e a sangria por todo o país. A Espanha também produz cerveja, mas ela normalmente não é consumida durante as refeições, e sim pedida nos bares para acompanhar as *tapas*.

Para finalizar uma refeição, a maioria das pessoas pede uma xícara de café. Pode ser o *café solo* (expresso), mas também um *carajillo*, café com uma leve adição de conhaque ou do destilado de sua preferência. Apenas peça um *carajillo de...* (por exemplo, Baileys). Saúde!

Apesar da grande quantidade de bebidas alcoólicas encontradas na Espanha, você não verá muitas pessoas alcoolizadas. Os espanhóis não gostam de perder a dignidade; eles bebem, mas não exageradamente, a ponto de perder o controle. Talvez isso se deva justamente ao fato de haver tanta bebida. Na maioria das casas, coloca-se o vinho sobre a mesa, e as crianças podem bebê-lo (em doses bastante diluídas em água) desde tenra idade. Em algumas regiões, coloca-se no centro da mesa o *porrón* (jarra de vidro com um bico fino e alongado que você levanta e toma o vinho diretamente do bico), para que as pessoas se sirvam sozinhas — o que não é algo fácil de fazer! As coisas podem estar mudando, mas ainda é uma minoria que bebe para ficar de fogo.

VIDA NOTURNA

Os bares na Espanha ficam abertos o dia inteiro, e a maioria também à noite, fechando as portas às 2 ou 3 horas da manhã. Há também as discotecas, que fecham ainda mais tarde. Em muitas delas, a entrada para as mulheres é gratuita, ou então pode incluir uma bebida de graça, mas as demais serão muito mais caras que as encontradas nos bares. As discotecas normalmente fecham às 5 horas da manhã, quando as pessoas costumam tomar um chocolate quente ou comer churros antes de voltar para casa.

Você também pode ir a um clube de flamenco — *tablao*. A Andaluzia é o berço do flamenco, mas, com a migração de seus habitantes, a música se difundiu, e hoje há *tablaos* espalhados por todo o país. Os ciganos (*gitanos*) ainda são os maiores expoentes do flamenco. Os turistas se acotovelam para ver seus espetáculos, apresentados por grupos de sensuais dançarinos e dançarinas, trajados com roupas tradicionais (as mulheres, com vestidos longos rodeados de babados) e empunhando as típicas castanholas. No entanto, os moradores do local provavelmente vão assistir a shows em espaços muito menores, com artistas que podem ter muito mais idade, ser menos atraentes e acrobáticos, mas que sabem produzir *arte*, e é isso que importa.

O que é arte?
Num pequeno *tablao* em Málaga, surge uma mulher de compleição forte com quase 60 anos, que caminha lenta e pesadamente sobre o palco. Ela não se parece com uma dançarina. Mas, quando a música começa, ela inicia a apresentação. A mulher incorpora sua personagem, adota uma expressão desdenhosa, levanta a saia, bate com os pés no tablado e rodopia, levada pelo som da música. Ela é uma dama da arte e consegue hipnotizar a plateia. Isso é *arte*.

ATIVIDADES CULTURAIS
As agências de turismo locais abrigam uma variedade de informações sobre museus, galerias de arte e outros pontos de interesse, além dos eventos que acontecem em outras localidades. Em Madri e Barcelona, a revista *Guía del Ocio* vai informá-lo a respeito das principais atrações em

cartaz nessas cidades. Nas cidades de menor porte, a prefeitura anuncia os eventos locais nos jornais.

Os espanhóis talvez não sejam assíduos frequentadores de museus ou galerias de arte, mas efetivamente apreciam e valorizam a cultura. Grande parte das pessoas tem um conhecimento básico de artistas e história da arte, especialmente no tocante à sua região.

Museus e galerias
Normalmente eles estão listados nos guias turísticos. Vale a pena ressaltar que a maioria fecha às segundas-feiras. A entrada nos museus estaduais é gratuita, o que não acontece nos museus federais, embora alguns concedam também entradas gratuitas aos domingos.

Madri abriga o enorme Museu do Prado, que mantém um acervo de quadros de El Greco, Goya e Velázquez, entre outros. A famosa tela *Guernica*, de Picasso, pode ser vista no Museu de Arte Moderna Reina Sofia, que fica próximo ao Museu do Prado. Em Barcelona, encontram-se os museus

de Picasso e de Miró, e em Bilbao está situado o Museu Guggenheim, que somente pelo esplendor de sua edificação já vale ser visitado.

Os principais museus nacionais estão localizados nas metrópoles, mas muitas cidades menores têm museus interessantes que cobrem a história, as artes, o artesanato e as tradições locais.

Antiguidades e prédios históricos

A Espanha está repleta de locais históricos para visitar. Podem ser admirados remanescentes monumentais da ocupação romana pelo país. Alguns exemplos são as fortalezas de Lugo, os aquedutos de Segóvia e Tarragona, os edifícios públicos e o teatro em Mérida, as pontes em Alcântara e Córdoba e os povoados de Itálica e Ampúrias. Vale citar ainda o povoado ibérico em Ullastret, na Catalunha.

A Andaluzia preserva algumas construções mouras, como a Mesquita de Córdoba, o Palácio de Alhambra, em Granada, e o Alcázar (fortaleza) de Sevilha. Cada cidade tem sua parte antiga, e há

algumas, como Toledo, Salamanca e Cuenca, em que praticamente todas as construções parecem dignas de menção.

O *Poble Espanyol* de Barcelona, ao ar livre, é um pavilhão disposto como um pequeno povoado — você caminha pelas ruas e vê réplicas de edifícios famosos de diferentes partes do país. É possível apreciar os diversos estilos arquitetônicos da Catalunha e depois, virando a esquina, ver um modelo da Giralda, em Sevilha.

Em catedrais e outros locais de veneração, espera-se que as pessoas se vistam discretamente (cobrindo as pernas e os braços) e se comportem de forma respeitosa.

Teatro, ópera, dança e música

Os espanhóis adoram ir ao teatro. Todas as metrópoles abrigam vários teatros, e muitas cidades menores também contam com espaços mais reduzidos, onde são representadas as peças de companhias teatrais locais.

Nas cidades grandes, há bastante acesso a espetáculos de ópera e dança, e a Espanha agora faz parte do circuito de concertos dos artistas internacionais mais famosos do mundo. De modo geral, a atitude dos espanhóis diante de eventos culturais é um tanto descontraída, e as pessoas não se vestem muito formalmente, exceto nas apresentações de ópera.

Os teatros apresentam grande variedade de peças, entre as quais as clássicas do Século de Ouro, de Calderón de la Barca e Lope de Vega, até qualquer um dos dramas do século XX, como *Bodas de sangue*, *Yerma* ou *A casa de Bernarda Alba*, de Lorca, ou ainda montagens de sucessos internacionais, como *Germans de Sang*, a versão catalã de *Blood Brothers*, de Willy Russell, ou *Arte*, de Yasmina Reza.

A Espanha tem dado uma contribuição duradoura para o mundo da ópera, com os adorados tenores espanhóis Plácido Domingo e José Carreras e a soprano Montserrat Caballé, internacionalmente famosos. Você poderá assistir às eventuais execuções de peças clássicas e também a óperas-cômicas, ou *zarzuelas*, similares às operetas de Johann Strauss ou aos trabalhos de Gilbert e Sullivan.

A dança compreende tanto o "balé espanhol" (misto de balé e flamenco) como o clássico, com Victor Ullate e Nacho Duato. O flamenco em si também tem alguns artistas de renome internacional, como o dançarino Joaquín Cortés e o violonista Paco de Lucía.

Os compositores espanhóis mais famosos são Enrique Granados e Isaac Albéniz, Manuel de Falla e Joaquín Rodrigo. Andrés Segovia é considerado o pai do violão clássico.

As cidades mais importantes patrocinam festivais de teatro e música, seja nos meses de verão ou integrados às celebrações de seus santos padroeiros. Madri tem um festival em maio, que recebe artistas nacionais e internacionais. Em Barcelona, o Grec, em julho e agosto, traz muitas estrelas internacionais para a cidade.

Música pop

Atualmente, Enrique Iglesias (cujo pai, Julio, encantou uma geração anterior de garotas) é uma das estrelas pop mais conhecidas internacionalmente. Na Espanha há muitos grupos atuantes no mercado, mas poucos são conhecidos fora do país.

Em 2003, milhões de espanhóis ficaram em casa para assistir à grande final do arrasador show de talentos *Operación Triunfo*. Os institutos de pesquisa mediram que, num momento especial da noite, havia mais de quinze milhões de pessoas grudadas na tela — um recorde na história da transmissão televisiva no país.

Cinema

O cinema, naturalmente, tem imensa popularidade. A maior parte dos filmes exibidos é americana, mas dublada em espanhol. As salas em que passam as versões originais, sem dublagem, estão se tornando cada vez mais comuns, mas você só poderá encontrá-las nas grandes cidades. Há uma marcação "v.o." (*versión original*) apontada nas páginas culturais dos jornais. Vale a pena assistir aos filmes de produção nacional se o seu espanhol for suficientemente bom para acompanhá-los.

No verão, algumas cidades pequenas patrocinam *el cine de verano*, ou seja, uma série de filmes exibidos na praça central. Ao cair da noite, você verá pessoas se dirigindo para lá carregando cadeiras, embora em algumas localidades seja possível sentar em locais previamente marcados pela organização. Os filmes são espanhóis, mas a atmosfera desses eventos é fantástica.

De modo geral, o cinema espanhol é relativamente desconhecido no cenário internacional, embora as fitas do diretor Luis Buñuel, repletas de surrealismo sombrio, de anarquia e perspicácia, tenham encantado os admiradores da sétima arte desde o final da década de 1920. Hoje, atores como Antonio Banderas e Penélope Cruz são famosos, bem como o diretor espanhol mais conhecido, Pedro Almodóvar, o mais bem-sucedido integrante da *movida madrileña* (a cena cinematográfica madrilena) da década de 1980 no exterior. Esse termo descreve a nova atividade e atmosfera artísticas durante a transição da ditadura do general Franco para a democracia. A *movida* focou nas boates, onde as pessoas se reuniam até as primeiras horas da manhã, e juntou muitos grupos musicais jovens e pessoas envolvidas em outras artes. Esse movimento tem sido eventualmente comparado ao *swinging sixties** londrino.

ESPORTES

Os espanhóis adoram esportes, e, a exemplo da maioria dos países europeus, é o futebol que reina nessas paragens. Eles têm paixão tanto por jogar como por assistir às partidas. Cada cidade tem seu campo, embora só no norte haja o luxo de campos gramados (e nos estádios de times profissionais). Os espanhóis também jogam basquete, tênis, golfe e vários outros esportes, incluindo o *balonmano*, que tem traves como no futebol, mas no qual a bola é arremessada com as mãos, e não chutada. No País Basco, há algumas modalidades esportivas que se restringem à região, não sendo encontradas em nenhuma outra parte do país. Elas são similares aos jogos escoceses, como o arremesso de tronco a distância, e envolvem grande força física.

O futebol foi introduzido no país pelos britânicos na segunda metade do século XIX, e a

---

* Momento de efervescência cultural e vanguardismo da moda e dos costumes ocorrido em Londres na segunda metade dos anos 1960. (N. do T.)

primeira liga profissional remonta à década de 1920. Nos anos 1950, o futebol já havia superado em popularidade a tourada (que era o esporte mais apreciado desde o século XVIII). As principais equipes espanholas têm um desempenho fabuloso em competições internacionais, embora a seleção nacional não esteja tão bem. Além de apoiar as equipes locais, todo espanhol torce pelo Real Madrid ou pelo Barcelona.

No fim da década de 1980, o futebol competiu com o basquete em popularidade, após a Espanha ter vencido a medalha de prata nesse esporte nos Jogos Olímpicos de 1984. Há uma liga popular de basquete, a Associação de Clubes de Basquetebol (ACB). Os principais times são o Real Madrid (que venceu diversas copas ou ligas europeias), o Barcelona, o Joventut e o Estudiantes, e todos eles têm em suas divisões jogadores internacionais.

Há mais de vinte anos, o sucesso dos jogadores de tênis Orantes e Santana melhorou a popularidade desse esporte. Hoje, Arantxa Sánchez, Conchita Martínez, Alex Corretja e Sergi Bruguera são jogadores de fama internacional, e houve uma disseminação muito grande de quadras públicas de tênis por todo o país.

Há também diversos clubes de ciclismo, especialmente no norte. Miguel Indurain foi pentacampeão da Volta da França, e vários outros profissionais de renome mundial tiveram destaque na modalidade, entre os quais Abraham Olano.

Embora a Espanha seja um país extremamente montanhoso e a maioria das cidades não tenha ciclovias, praticamente todos os adolescentes possuem bicicleta.

Outros esportes populares são as corridas de motocicleta, a natação, as competições de Fórmula 1 e o hóquei sobre patins.

Caminhadas
Os espanhóis são usuários ativos de seus parques e áreas rurais. Além do famoso Caminho de Santiago (veja capítulo 3), há muitas rotas para a prática de caminhada espalhadas por todo o país. Clubes de excursionistas ou grupos de amigos exploram as montanhas e reservas naturais todos os fins de semana para desfrutar o belíssimo cenário. Normalmente, há uma refeição ao final da atividade. Em muitos picos montanhosos, podem-se ver *hermitas*, pequenas capelas dedicadas aos santos de devoção dessas regiões. Vale a pena desbravar as estradas sinuosas para poder desfrutar essas maravilhosas vistas. Ao menos uma vez por ano há uma peregrinação por esses lugares, que se transforma num piquenique pela cidade, em que são distribuídos lanches ou compartilhadas *paellas* gigantescas. Ao lado das *hermitas*, muitas vezes há um bar ou um restaurante.

Infelizmente, como nação, a Espanha não tem um bom registro de proteção de seus recursos naturais. A cada verão acontecem incêndios florestais, muitos dos quais iniciados deliberadamente. No geral, o país tem o pior registro de violações de áreas de proteção ambiental de toda a União Europeia.

LOTERIA E JOGOS DE AZAR

A Espanha é uma nação de apostadores, provavelmente porque eles adoram assumir riscos, característica inerente ao povo em tudo, desde as touradas até a direção de carros, ou talvez seja simplesmente a esperança de ganhar dinheiro fácil. Independentemente do motivo, há mais tipos de loteria e prêmios maiores a ser ganhos na Espanha do que em qualquer outro país do mundo.

A loteria mais antiga — *lotería nacional* — corre desde 1812. Metade do dinheiro é distribuída nas duas loterias de Natal: *el gordo*, um pouco antes do Natal, e *el niño* (a criança), em 5 de janeiro, um dia antes do Dia de Reis, quando os reis magos trazem presentes para as crianças. Essas loterias dão os prêmios mais altos, e estima-se que em 1991 a arrecadação tenha chegado a 1,542 bilhão de dólares, o que representa um gasto médio de 50 dólares por pessoa. Todos participam, e os números contemplados são anunciados numa transmissão nacional pela TV, num tipo de canto gregoriano que dura horas. Para qualquer parte do país a que você for em 23 de dezembro, vai ouvir esses anúncios.

Há outras loterias nacionais e também regionais. Os quiosques da Once podem ser vistos por toda a Espanha e são de propriedade da *Organización*

Nacional de Ciegos Españoles (Organização Nacional dos Cegos), criada pelo governo franquista em 1938 com a finalidade de fornecer emprego aos portadores dessa deficiência, estando isenta de impostos. Vendedores cegos ficavam parados em algumas esquinas vendendo os bilhetes. Em 1950, a Once pôde proporcionar um sistema de ajuda para seus membros e, com uma nova gestão, se tornou mais eficiente e bem-sucedida. Hoje está consolidada como um grande império financeiro.

Além das loterias, grandes quantias de dinheiro são gastas em máquinas caça-níqueis (*tragaperras*), que podem ser ouvidas com seus sons característicos no canto de praticamente todos os bares, emitindo uma melodia típica para chamar atenção. Em 1991, sua arrecadação líquida superou a das loterias (mais de dois bilhões de dólares). Até o bingo é apreciado na Espanha, ainda que bastante controlado, sendo praticado somente em cassinos, onde, para que você possa entrar, é preciso apresentar a identidade.

Capítulo **Sete**

VIAGENS

VIAGENS DE AVIÃO
A Espanha abriga diversos aeroportos internacionais. Além dos dois principais, de Madri (Barajas) e Barcelona (El Prat), há os de menor porte, muitos dos quais servem as estâncias turísticas que se estendem pela costa mediterrânea. A Iberia, companhia aérea nacional, opera uma rede de voos domésticos. A ponte aérea que liga Madri e Barcelona é a rota doméstica mais importante do país. O aeroporto de Barajas, em Madri, tem uma movimentação de mais de cinquenta milhões de passageiros ao ano. Para lidar com o aumento do tráfego aéreo, um novo terminal-satélite entrou em operação em 2006, além de duas pistas de aterrissagem e decolagem adicionais, o que aumentou sua operação para quatro pistas no total.

VIAGENS DE CARRO
Os espanhóis dirigem de forma rápida e agressiva e não têm paciência. Você precisa ficar em constante alerta e olhar para os espelhos retrovisores o tempo todo. Pressupõe-se que você saiba qual é o seu

destino, e as pessoas vão buzinar bastante se você hesitar, nem que seja apenas por um momento.

Compre um bom guia rodoviário e tente definir sua rota antes de sair de casa. Em algumas regiões, os nomes das cidades são sinalizados na língua local, o que pode confundir um pouco — por exemplo, no País Basco, San Sebastián vira Donostia, e Vitoria, Gasteiz.

Exigências legais

Para dirigir um automóvel na Espanha, você deverá portar seu passaporte ou algum outro documento que comprove sua identidade, sua carteira de motorista atualizada, documentos válidos do seguro e o documento de registro do veículo. Deverá também portar no carro dois triângulos vermelhos de sinalização, um kit de primeiros socorros, um extintor de incêndio e um conjunto de lâmpadas de reserva.

O uso do cinto de segurança é obrigatório.

A polícia rodoviária costuma ser mais vigilante que o habitual quanto às infrações de trânsito, e as multas para os não residentes são lavradas no próprio local da ocorrência. Outras penalidades são calculadas de acordo com a gravidade da infração e segundo a opinião do policial.

O limite de teor alcoólico permitido aos motoristas é de 0,05% (0,5 miligrama de álcool por litro de sangue), e há condução regular de testes com bafômetro por todo o país. Certifique-se de que está ciente das restrições de velocidade — há algumas "pegadinhas" com radares.

É proibido usar o celular e dirigir ao mesmo tempo, mas é permitido parar o carro no acostamento para fazer uma ligação de emergência. Uma exigência legal é que os motoristas usem um kit de viva-voz, sem fones de ouvido, para que possam ficar com as mãos livres. Os motoristas que infringirem as leis levam multas de até trezentos euros.

As estradas
Há vários tipos de estrada no país, desde rodovias modernas de alta velocidade até caminhos estreitos, geralmente nas regiões rurais. São elas:

- *Autopistas*, A ou E (autoestradas). Geralmente são pedagiadas. O limite de velocidade é de 120 km/h.
- *Autovias* (rodovias com canteiro central). Às vezes têm apenas uma barreira central ou uma zona de escape mais ampla. O limite de velocidade é de 100 km/h.
- *Carreteras nacionales*, N ou CN (estradas principais). O limite de velocidade é de 100 km/h, com *guard-rail*, ou 90 km/h, sem *guard-rail*.
- *Carreteras comarcales*, C (estradas secundárias, em região rural). O limite de velocidade é de 90 km/h.
- *Carreteras locales* (estradas vicinais). O limite de velocidade é de 90 km/h.

O limite de velocidade nos trechos que cortam áreas urbanas é de 50 km/h.

Rodovias pedagiadas
São estradas de primeiríssima qualidade, com postos de gasolina a cada quarenta quilômetros. As taxas de

pedágio são caras e calculadas de acordo com a distância percorrida. Você normalmente paga quando sai da rodovia, mas também pode receber um tíquete ao entrar, o qual deverá devolver na saída para que se faça o cálculo da taxa devida. Próximo do *peaje* (posto de pedágio), as pistas se multiplicam. A pista *Telepago* deve ser acessada pelos carros que estejam equipados com um chip especial no para-brisa, o qual permite a passagem sem parar. A pista *Automatico*, pelos motoristas que forem pagar com cartão de crédito ou que depositam a soma exata da tarifa. No pedágio *Manual*, o atendente coleta sua taxa e dá o troco. As pistas que podem ser utilizadas exibem uma seta verde (não utilize as que mostram uma cruz vermelha).

Estacionar
Como regra geral, não é permitido estacionar na parte em que a calçada tem uma faixa amarela, ou, obviamente, onde há um sinal indicativo de "proibido estacionar". Nas principais cidades, é muito difícil encontrar lugar para estacionar. Há espaços apropriados marcados em azul, onde é possível deixar o carro por até duas horas, mas você terá de comprar um tíquete de uma máquina ou de um agente. Nos locais onde for possível, procure um estacionamento subterrâneo com segurança; nesse caso, pagar mais pode valer a pena.

No entanto, você vai observar que os espanhóis estacionam o carro em qualquer lugar, até mesmo em faixas de pedestres ou sobre as calçadas. Não faça isso!

As multas por infrações de estacionamento variam de cidade para cidade. Se você estacionar de forma irregular, especialmente com um carro estrangeiro, certamente será vítima da *grua*, o guincho local. Obter o carro de volta é uma tarefa árdua e cara.

AS LEIS DA ESTRADA

- Dirija pela direita. Ceda passagem para os carros vindos da direita, especialmente nas rotatórias.
- Não vire à esquerda se houver uma faixa contínua marcada no meio da pista. Essa é uma das principais causas de acidentes em estradas de alta velocidade. Haverá uma pista especial à direita, sinalizada por *cambio de sentido* ("mudança de direção"), que lhe dará acesso a uma passagem lateral, e só depois de atingir esse ponto você poderá cruzar a rodovia principal.
- Os semáforos nem sempre estão localizados no nível da rua. Às vezes estão suspensos, e pode ser difícil vê-los com o sol. Se você demorar no sinal verde por mais de um segundo, espere buzinas vindas de trás.
- Preste atenção nas faixas de pedestres — especialmente se você for um deles —, pois elas não lhe dão preferência. Tenha sempre muito cuidado antes de pôr o pé nelas. Os carros podem nem diminuir a velocidade nesses pontos.

- Piscar os faróis pode significar um aviso de que há policiais logo à frente (se você estiver recebendo esse sinal de frente) ou "saia do meu caminho; você está dirigindo muito devagar" (se estiver recebendo esse sinal pelo retrovisor). Como as buzinas, os faróis são usados exageradamente.
- Você poderá notar carros exibindo adesivos com letras e bandeiras. Eles se referem à região do motorista, e até mesmo no exterior são mais numerosos que o adesivo simples contendo o "E" (de Espanha).
- Como já é do temperamento dos espanhóis, eles geralmente violam um pouco as regras. Não fique surpreso se eles não derem seta para virar — as pessoas estacionam onde querem e os limites de velocidade são ignorados. Repito, não faça o mesmo!

TRENS
Principais linhas ferroviárias
A Renfe (*Red Nacional de Ferrocarriles Españoles*), rede ferroviária nacional da Espanha, opera praticamente quinze mil quilômetros de ferrovias no país com tarifas que estão entre as mais baixas da Europa. Todavia, muitos dos trens são lentos e desconfortáveis e não possuem ar-condicionado. Para viagens longas, o Talgo (*Tren Articulado Ligero Goikoetxea Oriol*), um trem articulado leve, é uma boa opção, pois é rápido, confortável e

eficiente. No sistema Talgo e nos trens que interligam cidades, são oferecidos serviços de bar e bufê a bordo, embora a qualidade não chame atenção e os preços sejam elevados.

Os trens rápidos AVE (*Alta Velocidad España* — *ave* também significa "pássaro"), que interligam Madri e Sevilha, assim como Madri e Málaga, foram introduzidos em 1992. Agora é possível ir de Madri a Málaga em pouco mais de quatro horas, em vez das habituais sete, e até Sevilha em apenas duas horas e meia.

Quanto melhor o trem, mais caro será o bilhete.

Confira as várias opções disponíveis, pois há descontos para viajantes e estudantes que o usam com frequência. É possível encontrar balcões de informação em todas as grandes estações. Você também pode reservar assentos em agências de viagem autorizadas, que cobram uma pequena comissão, mas que geralmente facilitam as coisas. Sempre reserve lugar em viagens longas.

Trens de via estreita
Há outras companhias ferroviárias na Espanha que cobrem as vias estreitas e ainda servem as regiões rurais do país, especialmente no norte. Alguns dos trens são de uso exclusivo de turistas, enquanto outros são utilizados como meio de transporte de moradores. Um exemplo é a linha que vai de Alicante a Denia, na Costa Blanca. Construída em 1914 para transportar produtos alimentícios frescos

para Alicante, a rota de 93 quilômetros passa por casas coloridas de pescadores, despenhadeiros profundos e o vilarejo com casas caiadas de Altea.

Há também outras opções turísticas disponíveis. Algumas locomotivas a vapor foram restauradas e colocadas novamente em operação. Uma delas é o *Tren de la Fresa* (Trem do Morango), que vai de Madri até o Palácio de Aranjuez, assim chamado porque a linha foi usada no passado para transportar morangos até a capital. A tradição é mantida até hoje, e os passageiros ganham morangos frescos durante o trajeto.

Se você deseja experimentar uma viagem especial de trem, reserve um dos vagões mais luxuosos do país, construído na década de 1920. O *Transcantabrico* segue a costa norte da Espanha, indo de San Sebastián até Santiago de Compostela, numa viagem de oito dias. Os quatro vagões incluem um bar onde se apresenta um DJ residente. Durante a noite, o trem para nas estações para permitir que os passageiros tenham uma boa noite de sono.

No sul, o *Al Andalus Express* é um hotel móvel que consiste de doze vagões e segue uma rota que percorre todos os pontos de interesse mouros da Andaluzia. Ele abriga dois restaurantes de luxo, um bar, um lounge e um vagão especial de jogos.

ÔNIBUS INTERURBANOS

Por toda a Espanha, você vai encontrar empresas privadas de ônibus de excursão muito boas, com veículos em bom estado de conservação e que oferecem viagens a preços convidativos. De modo geral, as rotas oferecidas são mais diretas que as das empresas ferroviárias. A maioria das cidades comporta uma *estación de autobus* (terminal de ônibus). Você pode comprar bilhetes nesses terminais ou em uma agência de viagens, e deve reservar lugares com antecedência, especialmente nos fins de semana e feriados. As viagens mais longas normalmente disponibilizam paradas breves para que as pessoas se refresquem ou tomem um lanche, mas não se esqueça de retornar para o ônibus pontualmente, pois os motoristas não costumam esperar.

TRANSPORTE URBANO

Madri e Barcelona oferecem redes de ônibus, metrô e trem que servem toda a cidade. Em ambas as localidades, o metrô é o meio de transporte mais rápido e eficaz.

Metrô

Madri abriga onze linhas de metrô subterrâneas, identificadas por números e cores nos mapas. O serviço opera das 6 horas da manhã à 1h30 da madrugada. Os bilhetes podem ser comprados nas próprias estações, em máquinas ou nas bilheterias. Para fazer várias viagens, compre o bilhete Metrobus, válido para dez viagens de metrô ou ônibus.

O serviço oferecido em Barcelona é semelhante. O metrô fica aberto das 5 horas da manhã até a meia-noite, de domingo a quinta-feira, e das 5 às 2 horas da madrugada às sextas, sábados e vésperas de feriados locais. Há bilhetes tanto para viagens simples como para múltiplas. As opções para os turistas incluem bilhetes para três ou cinco dias com viagens ilimitadas, ou o bilhete integrado ônibus + metrô, que permite que você utilize os vários meios de transporte em viagens ilimitadas durante sua estada e inclui a viagem de volta até o aeroporto. Verifique nos balcões de informação as várias opções de bilhetes.

Ônibus

Os ônibus operam diariamente das 6h30 às 23h30, e passam em intervalos regulares de dez a quinze minutos na maior parte das linhas. Há também um serviço de ônibus noturno que opera após a meia-noite, chamado *buho* (corujão) em Madri, e *nitbus* (linha noturna) em Barcelona. Aos domingos e nos feriados públicos, a circulação de ônibus é mais restrita.

Nos pontos de ônibus, é possível visualizar os mapas das rotas. Dê sinal com a mão levantada para que o ônibus pare. Há uma tarifa-padrão para todas as linhas. A passagem pode ser comprada no próprio ônibus (muitos dos ônibus metropolitanos só aceitam a quantia exata de dinheiro), ou é possível comprar uma passagem Metrobus (citada na página anterior), válida para dez viagens de metrô ou ônibus. As passagens também podem ser adquiridas nos balcões de informação das empresas de ônibus, em *estancos* (tabacarias) e bancas de jornal.

Sites
Indicamos alguns sites úteis sobre o tema de transportes na seção Recursos (veja página 164).

Táxis
Na Espanha, há um número relativamente grande de táxis circulando, e eles são baratos. Conforme a cidade, podem ter cor diferente, mas todos exibem uma sinaleira no teto, e a luz verde acesa indica que o veículo está livre. Há pontos de táxi fixos espalhados pela cidade, ou você pode simplesmente chamar um que esteja circulando. Os táxis trabalham com taxímetro, mas é cobrada uma taxa extra durante a noite, nos fins de semana ou se você tiver bagagem. Se você pretende percorrer uma longa distância, combine de antemão um preço aproximado. No que diz respeito a gorjetas, as pessoas normalmente dão 10% sobre o preço da corrida ou simplesmente arredondam o valor da tarifa.

ONDE SE HOSPEDAR
O turismo tem rendido muita riqueza para a Espanha, mas também tem provocado danos irreversíveis ao litoral mediterrâneo, onde hotéis e condomínios de apartamentos bastante altos foram construídos sem muito controle nas décadas de 1960 e 1970. Normalmente não há escassez de acomodação, quer nos balneários litorâneos ou no interior. Todas as grandes cidades abrigam muitos espaços para você se instalar, que vão desde hotéis de luxo até

hospedarias baratas e acolhedoras (*hostales*). As secretarias de turismo locais mantêm listas atualizadas do que está disponível. Vale sempre a pena fazer reservas antecipadas, especialmente se você estiver visitando uma cidade durante o período de festividades.

Hotéis

Eles se conformam aos padrões europeus e vão desde estabelecimentos cinco estrelas até os mais simples. São de todos os tipos e tamanhos, e alguns seguem a linha tradicional, enquanto outros têm uma concepção bem mais moderna.

Um tipo de hotel peculiar no país é o *parador*. Eles foram implantados pelo governo como um grupo de edificações históricas convertidas em hotéis na década de 1920, em parte para preservá-las, mas também para estimular o turismo em regiões menos visitadas da Espanha. Atualmente, há 85 dessas unidades espalhadas por toda a nação. Cerca de um terço são prédios históricos, enquanto outras são prédios com design elegante construídos no estilo da região, geralmente em povoados pitorescos ou em localidades cercadas de paisagens maravilhosas. Todos os prédios mais antigos que se transformaram em hotéis foram reformados, com instalações hoteleiras modernas.

Hostales

Os *hostales* são abundantes em todas as cidades, e as secretarias de turismo podem lhe fornecer uma lista deles. São mais baratos que hotéis e também recebem uma classificação por estrelas. De modo geral, ocupam dois andares de um condomínio de apartamentos, com uma recepção, sala de TV, sala de jantar, alguns quartos em um piso e os restantes no piso superior. Os *hostales* geralmente são administrados por uma família, e é possível que os empregados se comuniquem somente em espanhol.

Nos quartos nem sempre há banheiro, e geralmente as refeições não estão incluídas. Pode estar incluído o café da manhã — geralmente café e algum tipo de salgado ou doce —, mas a maior parte das pessoas prefere tomá-lo nos bares próximos.

Albergues
Os albergues comportam quartos no estilo dormitório, um espaço para fazer as refeições e uma cozinha comunitária, onde é possível preparar a própria comida. De modo geral, ficam perto das principais estações ferroviárias das cidades ou em algumas das reservas naturais espalhadas pela Espanha. São simples, baratos e os usuários normalmente são jovens mochileiros.

Apartamentos
Apartamentos podem ser alugados nas regiões litorâneas. Eles variam bastante, desde simples quartos mobiliados com o básico até pequenas *villas* com um pátio ajardinado. Os preços vão depender do tamanho, da localização e da época do ano. (Os apartamentos de moradia são chamados *pisos*.)

Agroturismo
Essa é uma tendência nova, mais popular no País Basco que no restante da Espanha, em que proprietários de grandes casas de campo alugam seus quartos. Trata-se de uma tentativa de abrir as zonas rurais ao turismo, tanto para os moradores locais como para os turistas. É uma ótima ideia para quem quer desfrutar o período de férias na natureza ou simplesmente escapar um pouco do estresse da vida na cidade grande.

SAÚDE E SEGURO
Para lidar com problemas simples de saúde, basta você se aconselhar com um farmacêutico. Na Espanha, mesmo medicamentos que em outros países podem requerer prescrição médica, como antibióticos, geralmente são vendidos livremente nas farmácias.

O país tem um serviço nacional de saúde muito bom, que trabalha em conjunto com o setor privado, também excelente. Os hospitais têm ótimos padrões de qualidade.

Recomenda-se expressamente que todos os visitantes tenham algum tipo de seguro-viagem. Cidadãos de países da União Europeia, no entanto, recebem tratamento médico gratuito no país. Os formulários relevantes devem ser obtidos antes que você deixe seu país de origem.

Capítulo **Oito**

RECOMENDAÇÕES NOS NEGÓCIOS

As pessoas que chegam à Espanha para fazer negócios ficam impressionadas com três coisas: as diferenças culturais entre as regiões, a necessidade de manter um bom relacionamento com os nativos para obter sucesso na atividade e o fato de que os espanhóis deixam tudo para resolver no último minuto.

Como já vimos, o país é dividido em dezoito regiões autônomas. As áreas comerciais mais importantes são Madri e o centro, Barcelona e as regiões vizinhas, e a Andaluzia, no sul.

As pessoas de Barcelona e de sua região, a Catalunha, têm uma atitude em relação ao trabalho completamente diferente dos habitantes de qualquer outra parte do país. Elas são diretas, até mesmo abruptas, e menos expressivas que seus compatriotas das regiões rurais. Os demais espanhóis veem os moradores dessa região como árduos trabalhadores, pessoas sóbrias, reservadas e desprovidas de humor. Os catalães acham que os madrilenos são arrogantes, burocráticos, espertalhões e exibicionistas. Os andaluzes já são mais descontraídos, mais propensos a desfrutar de longos intervalos no almoço e a fazer negócios fora da empresa. O comportamento deles diante de cronogramas e reuniões — muito relaxado — é o oposto do exibido pelos catalães.

No entanto, comum a todos é o fato de, como na Itália e em Portugal, boas relações pessoais serem indispensáveis para o sucesso nos negócios. Com uma boa relação pessoal, um negócio ainda pode falhar, mas sem ela não haverá absolutamente nenhum negócio. A menos que seja mantido contato, o prazo de um trabalho pode ser completamente ignorado. O relacionamento pessoal dá importância ao assunto, e as entregas serão feitas no prazo se você acompanhar o processo.

COMPORTAMENTO NAS EMPRESAS

Na Espanha, predominam dois modelos de corporações: a sociedade anônima (*Sociedad Anónima*, SA) e a limitada (*Sociedad de Responsibilidad Limitada*, SRL). Empresas com mais de cinquenta funcionários devem ter um Comitê de Trabalhadores, e aquelas com mais de quinhentos, um representante de seus quadros na diretoria.

As pessoas normalmente trabalham quarenta horas por semana, das 9 às 13 ou 14 horas, com duas horas ou mais de almoço, e depois das 15 às 18 ou 19 horas, ou até mais tarde. Esses horários podem ser ajustados no sul do país, para se adequar a um intervalo de almoço mais longo. Contratos frequentemente são fechados no almoço ou no jantar, e os detalhes são estabelecidos posteriormente, no próprio escritório.

Nos feriados, as pessoas podem tirar um fim de semana prolongado, de quatro dias. Em julho e agosto, a maioria dos trabalhadores tira férias, e as empresas podem mudar o expediente de trabalho, mantendo apenas uma equipe pequena de funcionários, ou, como é comum em agosto, conceder férias coletivas para todo o quadro, fechando a empresa nesse período.

Liderança e hierarquia
O estilo de gestão praticado na Espanha é "de cima para baixo", com todas as decisões mais importantes sendo tomadas pelo chefe. Essa atitude é típica das companhias estabelecidas há mais tempo e de empresas familiares, em que o presidente é o controlador absoluto e as posições subordinadas são ocupadas por membros da família.

O conhecimento de inglês não é automático entre os gerentes de mais idade, que talvez possam falar francês como primeira língua nos negócios. Você deve se certificar se precisará ou não de um intérprete. Com muita frequência, o diretor ou o presidente terá um gerente mais jovem para executar essa função. A Espanha tem um quadro profissionalmente treinado de gestores, muitos dos quais chegaram a estudar nos Estados Unidos, atualizados sobre as técnicas modernas de gestão e que falam inglês fluentemente.

Espera-se que o chefe (*jefe*) tome todas as decisões e que seja corajoso. Ele (e normalmente se trata mesmo de um homem) também deverá trabalhar para conquistar e manter a lealdade de seus subordinados. Suas decisões serão concisas, concretas e de curto prazo, com instruções claras sobre como implementá-las. No entanto, os gestores talvez não se sintam comprometidos a fazê-lo e vão repassar até mesmo as pequenas decisões aos subordinados. Isso é especialmente válido no serviço público, em que a burocracia imensa pode retardar bastante o andamento dos processos. Objetivos e perfis escritos são raros, assim como avaliações.

Os gestores espanhóis se baseiam mais na intuição do que na lógica e se orgulham de sua influência pessoal sobre a equipe. Espera-se que eles estejam cientes não apenas da vida profissional, mas também da vida pessoal de seus funcionários, e preparados para lidar com os problemas característicos de qualquer uma dessas áreas. As instruções jamais são transmitidas de forma fria. A amabilidade é parte importante quando se dão ordens e instruções, especialmente no sul do país, mas a autoridade subjacente é sempre clara. A lógica fica em segundo plano em relação à emoção.

Receptividade nas relações humanas
Se um profissional espanhol se aproxima do chefe com um problema pessoal, é importante prestar atenção no fato imediatamente, nem que seja só para marcar uma reunião para discuti-lo ou tratá-lo com mais profundidade posteriormente. A dimensão humana e pessoal tem prioridade.

O executivo espanhol geralmente gosta de trabalhar próximo de sua família. Ele pode passar alguns anos estudando ou trabalhando em Madri, mas depois normalmente vai procurar colocação no mercado em sua cidade natal. Em muitas organizações, as conexões (*enchufe*), mais do que as aptidões ou as qualificações, ainda são muito importantes na fase de recrutamento. A formação do candidato é extremamente relevante, mas se esperam dele outras qualidades como parte do pacote. As qualidades esperadas para se receber uma promoção são lealdade, amizade e habilidades — nessa ordem. A inteligência sozinha pode parecer um pouco suspeita.

ESTILO NOS NEGÓCIOS

Embora a Espanha seja um país de clima quente, a aparência é importante, e espera-se que as pessoas se vistam de maneira profissional, porém estilosa — terno escuro ou paletó azul-marinho e gravata para os homens, e conjunto social ou vestido, sempre com meia-calça, para as mulheres. O paletó e a gravata podem ser tirados no escritório.

Símbolos de status em matéria de roupas, relógios, carros e joias mostram que você é uma pessoa bem-sucedida. Os espanhóis têm muito orgulho de suas posses e apreciam a qualidade e o bom gosto. Sua caneta Mont Blanc ou seu relógio Cartier serão notados e apreciados, mas sem que se façam comentários sobre eles.

De modo geral, o estilo de negócios dos espanhóis é relativamente informal e descontraído, mas as primeiras reuniões exigem maior formalidade. Um executivo graduado — por exemplo, o presidente de uma empresa —, de nome José Antonio López, deverá ser chamado de Don José Antonio ou Don José. Use o formal *usted*, e mude para o informal *tú* somente se sugerido por seu interlocutor. Vocês provavelmente começarão a se tratar pelo primeiro nome com rapidez e continuarão nesse estilo informal a partir de então.

É importante manter um relacionamento baseado na confiança e não ser excessivamente autoconfiante, pois isso pode dar a impressão de que você é convencido. Os espanhóis se orgulham muito mais de suas qualidades pessoais, em particular de sua honra, do que de sua excelência técnica ou nos negócios. O toque pessoal também é importante, e sair do escritório para se socializar e criar contatos faz parte do trabalho. Tomar um cafezinho com você pode representar mais do que centenas de trocas de e-mails. Se você estiver em outro país, uma conversa telefônica pode preencher a mesma função.

No trabalho, embora possa haver um refeitório para todos os funcionários, os espanhóis tendem a se misturar com as pessoas de mesmo nível hierárquico, em vez de com os colegas acima ou abaixo na hierarquia, ainda que eles façam parte da mesma equipe. Os chefes costumam almoçar com clientes em algum restaurante onde já sejam bem conhecidos.

MULHERES NOS NEGÓCIOS

Apesar da imagem tradicional que temos do macho espanhol, há muitas mulheres em cargos de gerência, com qualificações que garantem que elas sejam universalmente aceitas. No entanto, você não encontrará com muita frequência uma mulher presidente de uma empresa espanhola — a menos que ela seja filha ou neta do fundador.

As executivas esperam que os homens com quem estejam lidando nos negócios tenham uma atitude estritamente profissional. Os convites para almoçar ou jantar são considerados parte do relacionamento comercial. Quem fizer o convite pagará a conta.

RELACIONAMENTOS NOS NEGÓCIOS

Para fazer negócios na Espanha, primeiro você deve ganhar a confiança da outra parte, consolidando um relacionamento pessoal. Seus parceiros de negócios serão hospitaleiros, e qualquer convite social deve ser considerado um investimento num relacionamento de confiança. Falar sobre famílias e filhos é parte importante desse processo, e, se você levar fotografias de seus familiares, contribuirá para a construção de um estreito relacionamento. Isso demonstrará a seu interlocutor espanhol que você tem raízes fincadas em sua sociedade e, portanto, interesse que as coisas sejam feitas de modo correto.

O relacionamento social se estende a pequenos favores prestados à família. Se você puder ajudar de alguma forma um parente ou um amigo de seu parceiro de negócios, isso será visto como um favor e terá um imenso valor no processo de construção de confiança. Uma relação de negócios bem-sucedida precisa se estender para além das boas relações comerciais.

Para o executivo homem, o orgulho e a imagem de macho ainda são importantes. O conceito de honra e dignidade é decisivo para os negócios. Os parceiros de negócios espanhóis são pessoas de palavra; depois que o relacionamento se estabelecer, eles não desapontarão você. Do mesmo modo, você deve ter muito cuidado para não fazer algo que os desaponte.

Um aspecto essencial disso é o emprego de agentes espanhóis para atuar em seu nome. Eles serão seus ouvidos e seus olhos no mercado, e, assim que você os contratar, deverá trabalhar efetivamente com eles — eles ficarão muito insatisfeitos se você fizer qualquer coisa sem que saibam. Assegure-se de escolher esses contatos com prudência, pois eles podem tanto facilitar significativamente como prejudicar sua presença no mercado espanhol.

FLEXIBILIDADE

Embora tenha uma agenda e horários a cumprir, o executivo espanhol também demonstra orgulho por ser flexível. Isso geralmente indica que a agenda pode não ser seguida com tanta rigidez e que os projetos podem progredir num ritmo bem mais lento do que você gostaria ou esperaria. Os espanhóis preferem ter visões de longo prazo e planos de curto prazo. Eles podem fazer isso por causa da imensa importância das redes de contatos na sociedade espanhola. Afirma-se com frequência que eles conseguem fazer em três dias o que para um americano ou um alemão talvez leve três meses, pois os espanhóis conseguem fazer tudo isso pessoalmente, por telefone. Os anos que passaram cultivando contatos significam que eles podem conseguir muitas coisas por meio de contatos pessoais, o que seria difícil para seus pares americanos ou europeus.

Os espanhóis sabem lidar com várias tarefas ao mesmo tempo. Isso significa que eles são polivalentes, cuidam de várias coisas simultaneamente e reagem aos chamados mais importantes ou urgentes. Mais uma vez, seu relacionamento pessoal pode tornar *você* o chamado mais importante.

MARCANDO REUNIÕES

Os espanhóis, assim como os brasileiros, escrevem primeiro o dia, depois o mês e então o ano nas datas. Quando marcar uma reunião, faça-o com antecedência e depois telefone para confirmá-la próximo da data. Quando você chega para uma reunião, o modo mais apropriado de se anunciar é apresentando seu cartão de visita para a recepcionista, que informará ao seu contato espanhol que você acabou de chegar. Embora você

sempre deva ser pontual, não se aborreça ou se
sinta frustrado se tiver de esperar por quinze ou até
mesmo trinta minutos para ser atendido.

Lembre-se dos horários de expediente e de que,
nos feriados ou períodos de férias coletivas, os
escritórios podem reduzir o horário de
atendimento ou estar fechados. Evite marcar
reuniões próximas da Páscoa ou do Natal.

ESTILO DE COMUNICAÇÃO
O estilo de comunicação no ambiente de negócios
espanhol é descontraído e amistoso e se baseia,
sobretudo, no aspecto humano. Quando
você for enviar um e-mail a um espanhol,
é importante ser um pouco mais afetuoso e
descontraído do que seria num e-mail similar
a um contato americano ou britânico. Procure
sempre ser gentil e amistoso, utilizando "Caro
Fulano" ou "Olá" para iniciar a mensagem, e
finalize-a com expressões do tipo "Cordialmente"
ou "Abraços". Pelo telefone, também não se esqueça
do lado humano.

REUNIÕES
Na Espanha, a função tradicional de uma reunião é
conhecer melhor os clientes ou comunicar
instruções. Uma reunião geralmente não tem uma
agenda, mas flui conforme a conversa. Os tópicos
são mencionados e/ou ignorados conforme se
mostrem relevantes para o ponto em discussão. A

decisão final permanecerá sempre com o chefe, e, se ele não puder participar de toda a discussão, geralmente fará uma aparição rápida para mostrar que está presente no curso das discussões ou negociações.

Os espanhóis têm o costume de começar as reuniões com uma fala longa que serve para estabelecer seu status e suas qualificações, bem como para descrever seus objetivos. Essa fase é seguida por uma resposta igualmente longa da outra parte. É importante, durante a reunião, achar pontos de concordância para emitir comentários sempre que possível. A honra exige que não se contradiga um chefe espanhol em público, e o estrangeiro que seguir essa regra poderá ganhar boas concessões em uma atmosfera mais descontraída, em um almoço ou jantar de negócios.

A cultura de reuniões não é bem estabelecida na Espanha, e a ideia de "lavar a roupa suja" para chegar a um acordo não é universalmente reconhecida, nem as listas de tarefas e o acompanhamento do que foi ou não feito. No entanto, é importante que a pessoa que encabeça a reunião convença os presentes de seu ponto de vista. Essa pessoa tomará as decisões ou as levará ao conhecimento do chefe para que ele as ratifique.

Os gerentes espanhóis são bastante individualistas e costumam utilizar as reuniões para marcar pontos pessoais. Eles têm um estilo expressivo, e as negociações podem ser acaloradas e em voz alta, com frequentes interrupções e, ainda, com a presença de pessoas convocadas de última hora para contribuir com a negociação. É importante não se aborrecer com a sobreposição de conversas, o que não se considera grosseiro na Espanha. As negociações (geralmente demoradas) dependem muito mais da intuição e das ideias imediatistas do que da preparação cuidadosa que, digamos, as organizações alemãs e suíças praticam. O toque pessoal é melhorado por um intenso contato visual. Os espanhóis querem ser capazes de "ler seus olhos", saber quem você é, e podem ser bastante delicados na hora de dizer "não".

APRESENTAÇÕES

Os espanhóis, que nem sempre são ouvintes dedicados e, ao que tudo indica, são as pessoas que menos leem na Europa, podem se preocupar menos com o conteúdo e mais com o estilo e a aparência das apresentações. Eles vão observar suas características físicas, seus modos e sua disposição em participar da socialização que virá na sequência. Se você estiver fazendo uma apresentação "substanciosa", encurte-a e utilize algumas frases criativas que permaneçam na mente das pessoas. Os espanhóis vão querer interferir e discutir o que você disser, portanto uma apresentação de trinta minutos deve ser o limite.

PLANEJAMENTO E CONTROLE

A dependência de relacionamentos pessoais indica que as funções básicas das organizações, como planejamento estratégico e até planejamento financeiro, podem ser baseadas mais na intuição e na percepção dos negócios do que em dados sistemáticos.

Agendas, orçamentos e previsões são apenas orientações aproximadas, e as datas de entrega não devem ser consideradas literalmente. Tudo deve ser feito por negociação pessoal. Não é uma boa ideia esperar que passe o prazo e depois ligar para conferir por que as mercadorias não foram entregues. O seu lema deve ser "Inspecionar, não supor".

> Uma firma espanhola, que representava na Espanha uma empresa britânica sediada em Londres, durante meses havia desempenhado muito fracamente no mercado. Um executivo da sede britânica viajou à Espanha para visitar os escritórios do país, na tentativa de descobrir o que estava saindo errado. Ele conversou com cada integrante da equipe individualmente, depois os levou para almoçar e, de modo geral, estabeleceu um bom relacionamento com eles. "Agora que sentimos que o conhecemos bem", disse um dos membros, antes de o inglês partir, "vamos tentar desempenhar melhor em favor dos seus produtos." E eles conseguiram: as vendas tiveram um aumento de 50%.

DIVERSÃO NOS NEGÓCIOS
Esteja preparado para passar algum tempo fora do escritório, construindo e mantendo boas relações.

Embora o atual mundo dos negócios não possibilite mais que as pessoas sempre façam a *siesta* durante a tarde, os espanhóis ainda vão cedo para o trabalho e saem tarde, jantando por volta das 22 horas e terminando lá pelas 2 da madrugada. A socialização nos fins de semana pode se estender até bem mais tarde. Esteja preparado para aguentar o ritmo!

O entretenimento nos negócios geralmente se dá em restaurantes. Se você for convidado para frequentar uma casa espanhola, pode ser apenas para tomar alguns drinques antes de sair para jantar num restaurante. Ou, do contrário, talvez você seja levado primeiro a um bar ou café para degustar algumas *tapas*.

O protocolo de negócios espanhol dita que você deve esperar até que o café seja servido, no fim da refeição, antes de trazer à tona o assunto da negociação.

Quem convidou paga a conta. Se você for convidado para participar de uma refeição, deve retornar a gentileza numa data posterior, mas, quando o fizer, é preciso ter muito cuidado para não mencionar que está "retribuindo" a seus anfitriões. Quando chegar a hora de escolher um restaurante, assegure-se de que seja de excelente qualidade, pois os espanhóis apreciam muito uma boa comida e um bom vinho e vão respeitá-lo pelo seu bom gosto! Não se esqueça de que muitos restaurantes fecham durante o mês das férias.

DANDO PRESENTES

Não é comum oferecer presentes numa primeira reunião, mas eles podem servir como sinal de disposição de dar continuidade ao relacionamento numa data posterior. Também podem ser dados na conclusão de negociações bem-sucedidas. Se você receber um presente, deve abri-lo imediatamente. Um bom presente pode ser um produto alimentício ou uma garrafa de vinho locais com uma bonita embalagem.

Se você estiver considerando a ideia de presentear, não dê nada muito extravagante, ou sua generosidade pode ser entendida como propina. Presentes como uma garrafa de uísque de qualidade, um bom gim inglês ou uma caixa de bombons são muito aceitáveis. Se você deseja presentear com uma garrafa de vinho espanhol, certifique-se de que seja especial, como o Vega Sicilia.

Artesanato típico de seu país, livros ilustrados, fitas e CDs relacionados à sua região natal também são muito apreciados. Só dê um presente com o nome de sua empresa se for discreto e de bom gosto.

Nas raras ocasiões em que você for convidado para uma refeição num lar espanhol, leve uma caixa de bombons de boa qualidade ou alguma sobremesa, como tortas ou bolos pequenos e atraentes, ou um buquê de flores — mas não deixe de contá-las, pois treze flores representam má sorte. Evite as dálias e os crisântemos, pois são associados à morte.

CONCLUSÃO

Nos negócios, como em outras áreas da vida espanhola, a importância dos relacionamentos pessoais não deve ser subestimada. A princípio, pode haver uma atmosfera de formalidade, mas, depois das apresentações, pressupõe-se que impere uma abordagem mais informal e pessoal. No entanto, a dignidade deverá ser sempre mantida, e o respeito e a honra são necessários para criar confiança e uma relação de trabalho.

As atividades de negócios realizadas na Espanha são no estilo "multitarefas" — lida-se com muitos assuntos ao mesmo tempo, não separadamente. Espera-se que você também seja flexível. Você deve priorizar o bom relacionamento no trabalho, tanto com os colegas quanto com os subordinados. É crucial ter bons contatos, pois o conceito de *enchufe* (o contato correto) faz parte da vida profissional. Se você for bem-aceito pelas pessoas certas, já estará no caminho de atingir o sucesso. Quanto ao seu produto, ele será mais facilmente aceito se seus parceiros de negócios gostarem de você.

Com relação ao futuro, os novos gerentes, profissionalmente treinados, terão uma nova abordagem. O treinamento deles num estilo de gestão mais descentralizado, baseado em equipe, orientado segundo metas e focado na qualidade, se tornará a norma nos negócios espanhóis conforme os antigos patrões se aposentarem.

Capítulo **Nove**

COMUNICAÇÃO

IDIOMA

O espanhol é a língua oficial da Espanha e de muitos outros países: Argentina, Bolívia, Chile, Colômbia, Costa Rica, Cuba, República Dominicana, Equador, El Salvador, Guiné Equatorial, Guatemala, Honduras, México, Nicarágua, Panamá, Paraguai, Peru, Uruguai e Venezuela. Também é a língua oficial de Porto Rico, e é amplamente falado em diversas outras nações, como Estados Unidos, Marrocos e Filipinas.

O espanhol e o inglês já concorreram pela posição de terceira língua mais falada no mundo, atrás do mandarim e do híndi. Atualmente, estima-se que o espanhol tenha 450 milhões de falantes, e o inglês, 545 milhões.

Castelhano

Embora conhecida como espanhol, o nome correto da língua oficial espanhola é castelhano. Sua origem remonta a um dialeto falado no norte da Espanha, mas se tornou a língua da corte do reino de Castela e Leão, no século XII. Quando Isabel e Fernando uniram os reinos de Castela e Aragão, o castelhano se tornou a língua oficial do Estado. A exemplo de outras línguas europeias, suas raízes vêm do latim, mas o castelhano também adotou palavras de outras línguas, inclusive muitos termos árabes, em virtude da dominação moura.

Há diferenças no sotaque do castelhano e, em menor extensão, em seu vocabulário nas várias regiões do país. A diferença mais significativa é a pronúncia das combinações de letras "ce", "ze" e "za". Na região norte de Castela, onde a língua supostamente era falada em sua forma mais pura, elas são pronunciadas como um suave "th" inglês; nas regiões oeste e sul da Espanha, pronuncia-se como o "s". Essa última pronúncia também ocorre no espanhol falado na América Latina. Não há nenhum tipo de esnobismo quanto às pronúncias encontradas na Espanha. O sotaque informa ao ouvinte de que região a pessoa é, e não a que classe social pertence.

O castelhano é, disparado, a língua mais falada no país, embora cerca de 30% da população tenha uma primeira língua diferente, que pode ser o catalão (12% da população), o galego (8%) e o basco (pouco mais de 1%). A Constituição de 1978 concedeu status oficial aos dialetos e às línguas dominantes regionais, ao lado do castelhano. Os agraciados foram o catalão, na Catalunha e nas ilhas Baleares; o valenciano, em Valência; o euscaro (basco), no País Basco e no território de Navarra; o aragonês, em Aragão; e o galego, na Galícia. O bable, falado nas Astúrias, e o aranês, falado no Vale de Arán (Catalunha), são outras línguas protegidas, embora não tenham status oficial.

Todas essas línguas, com exceção do euscaro, pertencem à linha românica que evoluiu do latim. O euscaro é uma "língua isolada", que não guarda nenhuma correlação com as outras. Muitas dessas línguas são ensinadas regularmente nas escolas e utilizadas nas transmissões radiofônicas e televisivas nas regiões em que são faladas.

A tradição que a Espanha mantém do regionalismo é um dos fatores principais que contribuíram para o reconhecimento de várias línguas. Outros países europeus mantêm diversas línguas locais, mas poucas receberam reconhecimento oficial. Para os turistas que forem à Espanha, isso não causa nenhuma dificuldade. O castelhano é falado e entendido em todas as regiões, embora em algumas áreas as pessoas talvez não sejam tão fluentes nele como o são na língua local. No entanto, se você aprender ainda que poucas palavras de qualquer língua local, as pessoas vão apreciar seu esforço.

Catalão
O catalão tem uma ligação estreita com o provençal, língua falada no sul da França, e é falado pela maioria da população na Catalunha, em Valência e nas ilhas Baleares. Há diferenças no sotaque encontrado nessas três regiões, e, na década de 1980, ocorreram disputas políticas abordando o fato de o valenciano ser considerado um dialeto catalão ou uma outra língua. O catalão tem uma longa e distinta história como língua literária. Floresceu especialmente durante a Idade

Média, mas acabou declinando após o século XV. Um movimento de renovação, conhecido por Renascença, iniciado em meados do século XIX, reavivou o interesse na língua, originando a gramática de Pompeu Fabra, a base do catalão ensinado nos dias de hoje.

Galego

Esse idioma é falado na Galícia, na extremidade noroeste da Espanha, e é o ancestral do português moderno. Foi a língua dominante da literatura palaciana até o século XIV, quando perdeu lugar para o castelhano. Desde então, e até o fim do século XIX, quando houve uma renovação no campo literário, seu uso ficou limitado às conversas rotineiras, sendo mais comum entre a população rural do que entre a urbana. Na vizinha Astúrias, ainda é falada a língua local antiga — o bable.

Basco (euscaro)

É a mais diferente das línguas faladas na Espanha. Nem românica nem da veia indo-europeia, ela precede a chegada dos romanos ao país. Até o fim do século XIX, o basco era falado essencialmente nas regiões rurais e não tinha tradição literária significativa. Já no século XX, e especialmente depois que passou a ser a língua oficial do País Basco, em 1978, tem sido utilizado em todas as formas de escrita.

Na página seguinte, apresentamos uma lista de algumas expressões que você poderá utilizar para dar um pontapé inicial nas conversações, nas várias línguas da Espanha. Você vai observar que, em castelhano, os pontos de interrogação e de exclamação são invertidos no início da sentença e, no fim, são grafados regularmente. Esse artifício evita confusões entre perguntas ou exclamações e afirmativas, que, na fala, diferem apenas pelo tom de voz usado, fato que não é notado na forma escrita.

ALGUMAS EXPRESSÕES ÚTEIS

PORTUGUÊS	CASTELHANO	CATALÃO	GALEGO	BASCO
Olá	Hola	Hola	Ola	Kaixo
Bom dia	Buenos días	Bon dia	Bon dia	Egun on
Boa tarde	Buenas tardes	Bona tarda	Boa tarde	Arratsalde on
Boa noite	Buenas noches	Bona nit	Boa noite	Gabon
Tchau	Adiós	Adéu	Adeus	Agur
Por favor	Por favor	Si us plau	Por favor	Mesedez
Obrigado	Gracias	Gracies	Gracias	Eskerrik asko
Desculpe	Perdón	Perdona	Desculpa	Barkatu
Saúde!	¡Salud!	Salut!	Saude!	Topa!
Há algum hotel aqui perto?	¿Hay un hotel por aquí?	Hi ha un hotel per aquí?	Hai algun hotel aquí perto?	Bal al da hotelik hemen inguruan?
Onde fica o ponto de ônibus?	¿Donde está la estación de autobus?	On es l'estació d'autobus?	Onde está a estación de autobus?	Non dago autobus-geltokia?

FALANDO ESPANHOL

O espanhol é uma das línguas estrangeiras mais fáceis de aprender. No entanto, alguns estrangeiros moram na Espanha por vários anos e jamais o aprendem, nem qualquer outra das línguas faladas no país. Especialmente na faixa litorânea, há comunidades estrangeiras praticamente autossuficientes, e os moradores locais envolvidos com elas geralmente aprendem a falar a língua dominante (normalmente inglês ou alemão).

Entretanto, se você tiver um conhecimento básico de espanhol e o utilizar, essa atitude demonstrará que você se interessa pela cultura local, e isso será enormemente apreciado.

A Espanha é um ótimo país para se praticar a língua. A gramática básica é simples, e os nativos não costumam se importar se o seu espanhol não está 100% correto ou se você comete erros. Nas áreas de concentração turística, os moradores provavelmente são capazes de se comunicar em diversas línguas, mas, em outras localidades, você pode arranhar algumas palavras em espanhol e isso abrirá a possibilidade de comunicação. Como os espanhóis são muito sociáveis, eles adoram conversar e vão dar o melhor de si para se comunicar com você.

Provavelmente você só vai precisar de um livro de expressões idiomáticas e de um dicionário de bolso. No entanto, se você planeja ficar por mais tempo no país ou visitá-lo com frequência, pense em fazer um curso básico de espanhol, pois isso lhe renderá dividendos.

Pronúncia espanhola

A ortografia espanhola é quase que inteiramente fonética. Assim que você souber pronunciar as letras e onde acentuar as palavras, é possível fazer uma boa tentativa de leitura. Apresentamos aqui os principais fundamentos.

O alfabeto espanhol consiste de 28 letras: *a, b, c, ch, d, e, f, g, h, i, j, k, l, ll, m, n, ñ, o, p, q, r, s, t, u, v, x, y* e *z*.

As vogais, *a, e, i, o* e *u*, são pronunciadas praticamente da mesma forma que no português.

As consoantes *b* e *v* têm pronúncias muito semelhantes entre si, assim como o *ll* e o *y*. Os falantes espanhóis emudecem o som do *h* no começo das palavras, assim como no português. Esses três elementos da língua respondem pela maior parte dos erros cometidos por quem está aprendendo espanhol: confundir *b* com *v*, pronunciar *ll* como seria o *l* em português e pronunciar o *h* no início das palavras (esse último ponto se aplica majoritariamente a falantes nativos de inglês).

A maioria das palavras espanholas que terminam em vogal ou com as consoantes *n* ou *s* é pronunciada com ênfase na penúltima sílaba, como *vino, casa, abuela* ("avó"), *viven, antes* (pronunciadas *bi*no, *ca*ssa, ab*ue*la, *bi*ben, *an*tes). Entretanto, palavras que terminam em consoantes diferentes de *n* ou *s* têm a tônica na última sílaba, por exemplo, *ciudad, feliz, municipal, hotel* (pronunciadas ciu*dad*, fe*liz*, munici*pal*, ho*tel*). Todas as palavras que são exceções a essas regras recebem o acento para mostrar onde recai a ênfase, como é o exemplo de *estación, avión, López*.

CARA A CARA

Independentemente do interlocutor, os espanhóis têm um jeito tipicamente mediterrâneo. Eles ficam bem perto da pessoa com quem conversam e com frequência a tocam para enfatizar algum ponto. Gesticulam muito, o que pode ajudar o aprendiz se a conversa for em espanhol, e costumam falar alto. A combinação entre volume e gestos extravagantes geralmente dificulta saber se as pessoas estão tendo uma conversa normal ou se estão discutindo!

Numa situação formal, as vozes podem ser um pouco mais baixas, as gesticulações mais discretas, e a forma de tratamento será com *usted*. Como vimos anteriormente, essa forma é semelhante ao tratamento com o *vous* francês, mas não é utilizada com tanta frequência. Trata-se de um tratamento polido e respeitoso, reservado para quando falamos com pessoas mais velhas ou talvez com parceiros de negócios em uma reunião formal.

Praticamente não há assuntos proibidos nas conversas, mas, para iniciá-las, provavelmente seja mais seguro abordar tópicos de interesse geral em vez de fazer um monte de perguntas pessoais. Observações e perguntas complementares a respeito da região de seu interlocutor sempre farão a conversa fluir, e logo você descobrirá pontos de interesse comum para discutir. Como mencionamos, se os espanhóis estão discutindo aspectos negativos sobre si mesmos e sua cultura, você deve ser diplomático e não entrar nesse tipo de discussão.

SERVIÇOS

Correios

O serviço postal funciona muito bem na Espanha, embora muitas pessoas reclamem dele. Os postos dos correios (*correos*) abrem das 9 às 14 horas, de segunda a sexta-feira, e das 9 às 13 horas aos sábados, mas é possível comprar selos nas tabacarias (*estancos*). As caixas de endereçamento são de um amarelo-vivo. Às vezes, encontram-se caixas separadas para a correspondência a ser enviada ao exterior (*al extranjero*).

A correspondência é enviada uma vez por dia. Pequenas encomendas são enviadas às casas para as quais foram endereçadas, mas os pacotes maiores são mantidos nos correios, onde terão de ser pegos. Não se esqueça de levar o aviso de recebimento que lhe deixaram, bem como algum documento de identificação.

Telefone

A companhia nacional, Telefónica, controla o aluguel de linhas, embora agora tenha de competir com outras empresas pelos preços das chamadas. Você pode utilizar diversas empresas para diferentes tipos de chamadas. Cada província espanhola apresenta um prefixo telefônico com dois ou três números. Os números telefônicos consistem de nove dígitos, incluindo o prefixo. O código nacional é 34.

Há uma grande quantidade de *cabinas* (cabines) telefônicas, onde é possível usar moedas ou cartões comprados nas tabacarias. A maior parte das cabines oferece instruções em inglês, simplesmente pressionando um botão correspondente. O toque telefônico é longo, e, quando ocupado, escuta-se um som mais curto e rápido. O custo é um pouco superior a sessenta centavos para fazer as ligações, e você necessitará de um bom sortimento de moedas. As ligações nacionais e internacionais são mais baratas após as 22 horas em dias úteis, e após as 14 horas aos sábados, além de durante todo o dia aos domingos.

A resposta-padrão ao atender uma chamada é *Dígame* ou *Diga*, que significam, literalmente, "Fale comigo" ou "Fale" (mas equivalem ao nosso "Alô").

A telefonia móvel na Espanha funciona segundo os mesmos princípios das outras partes do mundo. Há um predomínio de telefones pré-pagos, embora todas as empresas da área ofereçam contratos pós-pagos.

Internet
Há disponibilidade de cafés com acesso à internet em todas as principais metrópoles e na maioria das cidades de menor porte.

CONCLUSÃO
Os espanhóis são descontraídos, sociáveis e apaixonados pela família. Seus filhos podem ser vistos *e* ouvidos a qualquer hora do dia e da noite. Com uma vida ao ar livre repleta de sol, multidões de pessoas, boa comida e boa bebida, além de fofocas, as atividades e o bom humor estão por todos os lugares. Você provavelmente vai se adaptar muito rapidamente a todo esse entusiasmo e se apaixonar pelo estilo de vida espanhol.

Se estiver viajando a negócios, você talvez veja algumas das características espanholas de um ângulo diferente. A falta de pontualidade e a inobservância de regras e regulamentos podem ser frustrantes, e o tempo parece ter outra dimensão na Espanha. A regra é *mañana*. Mas pode estar certo de que você vai achar seus contatos espanhóis pessoas bastante amigáveis, hospitaleiras e interessadas em você. Assim que eles o conhecerem melhor, você será importante para eles, e seus negócios possivelmente prosperem como resultado disso.

Seja qual for sua razão para visitar a Espanha, conhecer mais sobre os espanhóis e sua cultura o ajudará a extrair o melhor do país e a ter expectativas realistas. Acima de tudo, o ajudará a ficar à vontade num país onde os indivíduos são importantes e onde desfrutar a vida é prioridade.

¡Viva España!

Recursos

São vários os sites que fornecem informações úteis sobre a Espanha, e é uma boa ideia consultá-los antes de viajar para o país. Eis uma lista a partir da qual você poderá começar suas pesquisas.

www.tourspain.es	Site oficial do Departamento Nacional de Turismo Espanhol
www.spaindata.com	Dados gerais sobre a Espanha
www.okspain.com	Informações turísticas sobre todas as regiões da Espanha
www.spainexpat.com	Site dedicado aos estrangeiros que vivem na Espanha
www.viamichelin.com	Mapas detalhados de todas as regiões espanholas
www.idealspain.com	Informações sobre muitas atividades esportivas e de lazer

Transportes

Madri	www.ctm-madrid.es
Barcelona	www.tmb.net
Renfe	www.renfe.es
Feve (norte da Espanha)	www.feve.es
Euskotren (País Basco)	www.euskotren.es
FGV (Costa Blanca)	www.fgv.es
FGC (Catalunha)	www.fgc.es
Al Andalus Express	www.alandalusexpreso.com
Tren de la Fresa	www.ffe.es/delicias

Leitura recomendada

CARR, Raymond (org.). *Spain: A History*. Oxford: Oxford University Press, 2000.

FRANCO, Silvana. *Great Tapas*. Nova York: Lorenz Books, 2000.

HOOPER, John. *The New Spaniards*. Londres: Penguin Books, 1995.

McGUINESS, Victoria Miranda. *Simple Etiquette in Spain*. Folkestone: Simple Books, 1992.

TÓIBÍN, Colm. *Homage to Barcelona*. Londres: Simon & Schuster, 1990.

WILLIAMS, Mark. *The Story of Spain: The Dramatic History of One of Europe's Most Fascinating Countries*. Málaga: Santana Books, 2000.

ZOLLO, Mike e TURK, Phil. *Spanish Language, Life, and Culture*. Londres: Teach Yourself Books, 2000.

Índice remissivo

Aborto, 51, 52
Acomodações, 132-35
Aeroportos, 122
Agroturismo, 134-35
Albergues, 134
Alcântara, 17
Alfonso XIII, rei da Espanha, 25, 31
América/Estados Unidos, 21, 22, 25, 29
Amigos, fazendo, 84-89
Andaluzia, 25, 35, 41-43, 62, 136
  andaluzes, 15, 136-37
Aníbal, 17
Antiguidades e prédios históricos, 113
Apartamentos, 134
Apresentações, 147
Aragão, 15, 21, 38
Área, 10, 13
Arte, 24, 46, 47, 111, 112
Astúrias, 14, 25, 153, 155
Atapuerca, Burgos (*Cueva Mayor*), 16
Atividades culturais, 111-17
Aznar López, José María, 33

Bancos, 95
Barcelona, 33, 37, 38, 42, 44-45, 46-47, 113, 136
Bebidas alcoólicas, 104, 109-10
Boas maneiras, 64-65
  à mesa, 108
Bonaparte, Napoleão, 24
Brigadas internacionais, 27-28

Cádis, 17
Califado de Córdoba, 19
Calvo Sotelo, Leopoldo, 32
Caminhadas, 119-20
Cantábria, 14, 18
Carlistas, 26
Carlos V, sacro imperador romano, 21
Carrero Blanco, Luis, 30
Carro, viagens de, 122-27
  estacionar, 125-26
  exigências legais, 123-24
  leis da estrada, 126-27
Cartagena, 17
  cartagineses, 17
Casamento, 52
Castela, 15, 21, 38, 40, 153
Castro, Fidel, 40

Catalunha, 15, 21, 22, 25, 29, 32, 35, 37-39, 42, 46, 87, 136
  catalães, 15, 22, 45, 136
Catolicismo, 10, 61-62
Celtas, 16, 39-40
Ceuta, 13, 34
Ciganos (*gitanos*), 10, 61, 95, 111
Cinema, 116-17
Clima, 10, 13-14, 49-50
Colombo, Cristóvão, 21
Colônias, 24
Comer fora, 103-6
Comida, 93, 103, 106-7
Comportamento nas empresas, 137-40
Composição étnica, 10
Compras
  diárias, 94-96
  por prazer, 102-3
Comunidade Europeia, 33, 57
Conquistadores, 8, 21
Contrarreforma, 22
Correfoc (corrida sobre o fogo), 79
Correios, 160
Costa del Sol, 41, 43
Costumes e tradições, 66-83
Crianças, 53, 97-98

Dança, 114-15
Democracia, 33, 51
Diversão nos negócios, 148-49
Divórcio, 51, 52

Economia, 33
Educação (ensino), 97-99
Egocentrismo, 58-59
Eletricidade, 11
Escola de Tradutores de Toledo, 20
Esportes, 117-20
  para fazer amigos, 87-88
Estepa (perto de Sevilha), 41
Estilo de comunicação, 145
Estilo nos negócios, 140-41
Estradas, 124
ETA, 30, 32, 37, 59
Expediente, horário de, 137-38

Família, 10, 50-54
Feira Mundial Expo 92, 42
Feiras, 75-80
Felipe II, rei da Espanha, 21, 24, 44

Fenícios, 17
Feriados nacionais, 67-68
Fernando de Aragão, 15, 19, 152
Festividades, 43, 66-74, 115
Flamenco, 43, 61, 81-82, 110-11
Flexibilidade, 143-44
Franco, Francisco, general, 9, 15-16, 26, 28-31, 38, 41, 45, 49, 59, 60, 91
Franco-Condado, 24
Futebol, 45, 117-19

Galerias, 112
Galícia, 12, 14, 35, 39-41, 87
Geografia, 12-13
Gestor administrativo, 58
González, Felipe, 32
Gorjetas, 105
Governo, 10
Granada, 18, 19, 20, 21, 113
Gregos, 16
Guernica, 26
Guerra Civil Espanhola, 26-28, 36, 60, 61, 71
Guerra da Independência (Guerra Peninsular), 24
Guerra de Sucessão Espanhola, 38
Guerra Hispano-Americana (1898), 24

História, 16-33
Hitler, Adolf, 26
Holanda, 24
Hostales, 133-34
Hotéis, 133

Idioma(s), 10, 17, 34, 36-39, 63, 138, 152-59
Igreja Católica Apostólica Romana, 22, 25, 29, 49, 61
Ilhas Baleares, 13
Ilhas Canárias, 13, 14
Imprensa, 100-1
Influência árabe, 18-19
Inquisição Espanhola, 8, 19, 20
Internet, 162
Isabel de Castela, 15, 19, 21, 152

Jesuítas, 22-23, 48
Jogos de azar, 120-21
Juan Carlos, rei, 31, 32
Judeus, 18, 19-20, 22, 62

Literatura, 23
Loiola, Inácio de, santo, 22
Loteria, 120-21

Machismo, 56
Madri, 12, 44, 45-46, 63, 136
Mañana, 43, 50
Melilla, 13, 34
Mercados, 94-95, 103
Mérida, 17
Meseta, 12, 15
Metrô, 130-31
Mídia, 10, 11, 60, 89, 100-1
Milão, 24
Moeda, 11, 33
Monarquia, 10, 21
Moradia, 90-92
Mouros, 18, 19, 20, 35, 48-49, 153
Muçulmanos, 18, 62
Mulheres
 nos negócios, 142
 papel das, 92-93
 status das, 51-53
Museus, 46, 47, 112
Música, 43, 61, 81, 115

Nações Unidas, 29
Nápoles, 24
Navarra, 22, 34, 35
Negócios
 recomendações nos, 136-51
 relacionamentos nos, 142-43

Ônibus, 129-30, 131
 interurbanos, 129-30
Ópera, 114
Opus Dei, 30
Organização Mundial da Saúde (OMS), 63
Orgulho e honra, 55-56
Otan, 16, 32

País Basco, 14, 15, 21, 25, 29, 30, 32, 35, 36-37, 42, 87
Papado, 23, 63
Parlamento, 29-32
Partidos políticos, 25, 26, 28-33
Península Ibérica, 12, 16
Peregrinações e feiras, 75-80
Permissão marital, 51-52

Personalidade espanhola, 8
Pireneus, 12
Planejamento e controle, 147-48
Poesia, 23
Pontos de vista regionais, 14-16
População, 10, 52
Portugal, 12, 40
Presentes, 150
Primo de Rivera, Miguel, general, 25
Propriedades alugadas, 91-92
Prostituição, 51, 60

Reconquista, 19-20
Reforma, 20
Regiões, 33-43
Religião, 10, 17, 61-62
Restaurantes, 104-5
Reuniões, 145-47
  marcando, 144-45
Rio Douro, 12
Rio Ebro, 12
Rio Tajo, 12, 17
Romanos, 17-18

Sardenha, 24, 38
Saúde, 135
Século de Ouro, 9, 15, 21-24
Segóvia, 17
Seguro, 135
Serviço público, 57

Sevilha, 18, 33, 42
Sicília, 24
Siesta, 96
Sobrenomes, 52-53
Suárez Gonzalez, Adolfo, 31, 32

Tapas, 96, 103-4
Táxis, 132
Teatro, 23-24, 114
Tejero, Antonio, tenente-coronel, 32
Telefone, 11, 60, 161-62
Televisão, 11, 96, 99-100
Tolerância, 60-61
Touradas, 43, 82-83
Transporte urbano, 130-32
Trens, 127-29
Turismo, 49, 61, 132, 134

União Europeia, 16, 33, 52, 135
Universidades, 53-54, 98-99

Valência, 12, 21
Valores e atitudes, 48-65
Viagens, 122-35
Vida doméstica, 92-94
Vida noturna, 110-11
Vida rotineira, 96-97
Vídeo/TV, 11
Visigodos, 18